ALIMENTAÇÃO VEGETARIANA
PARA A PRÁTICA DE ESPORTES

Título original:
The Vegetarian Athlete's Cookbook
(*More Than 100 Delicious Recipes for Active Living*)

Tradução autorizada da primeira edição inglesa, publicada em 2017 por Bloomsbury Sport, uma divisão da Bloomsbury Publishing Plc, de Londres, Inglaterra

Copyright © Anita Bean, 2017

Copyright da edição brasileira © 2018:
Jorge Zahar Editor Ltda.
rua Marquês de S. Vicente 99 – 1º | 22451-041 Rio de Janeiro, RJ
tel (21) 2529-4750 | fax (21) 2529-4787
editora@zahar.com.br | www.zahar.com.br

Todos os direitos reservados.
A reprodução não autorizada desta publicação, no todo ou em parte, constitui violação de direitos autorais. (Lei 9.610/98)

Grafia atualizada respeitando o novo Acordo Ortográfico da Língua Portuguesa

As informações contidas neste livro são fornecidas como meio de orientação geral em relação aos assuntos específicos aqui abordados, mas não substituem o aconselhamento nutricional especializado. Não devem substituir aconselhamento médico, de saúde, farmacêutico ou de outros profissionais diante de necessidades dietéticas ou de saúde específicas. Este livro é vendido com a compreensão de que autor e editor não pretendem prescrever serviços médicos, de saúde ou qualquer outro tipo de serviços pessoais ou profissionais.
O leitor deve consultar um médico ou profissional de saúde competente antes de adotar cada uma das sugestões contidas neste livro ou tirar conclusões a partir dele. Autor e editor recusam especificamente, na medida do permitido pela lei, qualquer responsabilidade por qualquer ônus, perda ou risco (pessoal ou de outra natureza) que sejam incorridos em consequência, direta ou indireta, do uso e aplicações dos conteúdos deste livro. Se você toma algum tipo de medicação, consulte o seu médico ou profissional de saúde antes de iniciar qualquer espécie de jejum ou dieta.

Preparação: Isabella Pacheco | Revisão: Carolina Sampaio, Eduardo Monteiro | Indexação: Gabriella Russano | Fotos: Adrian Lawrence
Projeto gráfico e ilustrações: Louise Turpin | Composição: Mari Taboada
Imagens da capa: Adrian Lawrence, nd3000/iStock.com
Impresso na China | *Food styling* de Emily Kydd

CIP-Brasil. Catalogação na publicação
Sindicato Nacional dos Editores de Livros, RJ

KB35a

Bean, Anita
Alimentação vegetariana para a prática de esportes: mais de 100 deliciosas receitas para uma vida ativa/Anita Bean; tradução Bruno Fiuza; revisão técnica Flavia G. Pantoja. – 1.ed. – Rio de Janeiro: Zahar, 2018.
    il.

Tradução de: The vegetarian athlete's cookbook (more than 100 delicious recipes for active living)
Inclui índice
ISBN 978-85-378-1721-6

1. Alimentos vegetarianos. 2. Culinária – Receitas. II. Pantoja, Flavia G. III. Título.

17-45382

CDD: 641.5636
CDU: 641.56

ANITA BEAN

ALIMENTAÇÃO VEGETARIANA
PARA A PRÁTICA DE ESPORTES

MAIS DE 100 DELICIOSAS RECEITAS PARA UMA VIDA ATIVA

Tradução
Bruno Fiuza

Revisão técnica
Flavia G. Pantoja

SUMÁRIO

INTRODUÇÃO   6

PARTE 1

Guia de nutrição esportiva para vegetarianos

1   CARNE: POR QUE NÃO?   11

2   MAXIMIZANDO SEU DESEMPENHO SEM CARNE   23

PARTE 2

As receitas

3   CAFÉ DA MANHÃ   51

4   SOPAS   67

5   SALADAS   83

6   PRATOS PRINCIPAIS   96

7   SOBREMESAS   151

8   LANCHES DOCES   169

9   LANCHES SALGADOS, SHAKES & VITAMINAS   189

REFERÊNCIAS   202

FONTES   204

ÍNDICE   205

INTRODUÇÃO

"Não dá para ganhar massa muscular sem comer carne!" é o típico comentário que escuto quando digo que sou uma atleta vegetariana que competiu como fisiculturista por dez anos antes de conquistar o Campeonato Britânico de Fisiculturismo em 1991. A maioria das pessoas olha para mim com descrença. "Claro que você precisa de carne para competir, não?" De jeito nenhum. Meu troféu pode estar um pouco empoeirado depois de tantos anos, mas é a prova concreta de que você pode ganhar músculos de forma considerável e alcançar o topo do esporte que pratica sem comer carne.

Se você já é vegetariano, se está pensando em desistir da carne ou se simplesmente deseja evitá-la por um ou dois dias na semana, espero que este livro o inspire a tentar algo novo e lhe mostre que – ao contrário da crença popular – você pode ganhar músculos sem comer carne. De fato, reduzir o consumo de carne é uma tendência que cresce cada vez mais rápido. De acordo com a pesquisa YouGov da Eating Better de 2014, uma em cada cinco pessoas cortaram a carne em 2013, e uma em cada três estão considerando reduzir o consumo. Para muitas, essa segunda alternativa é mais fácil do que desistir completamente.

Embora o número de vegetarianos tenha permanecido mais ou menos estável nos últimos dez anos, cerca de 3% da população, houve um aumento significativo no número de flexitarianos – pessoas que comem principalmente alimentos vegetarianos, mas consomem carne ocasionalmente.

As pessoas estão cortando a carne da dieta por muitas razões, incluindo preocupações com a saúde, exploração e bem-estar dos animais, sustentabilidade e mudanças climáticas. Nas últimas décadas, o consumo de carne cresceu nos países ricos, levando a níveis perigosamente altos de poluição e emissão de gases do efeito estufa, aumento sem precedentes da temperatura global, desmatamento generalizado e perda de espécies vegetais e animais. E intensificando desnecessariamente a pressão sobre recursos que já estavam superexplorados.

Um dos meus objetivos ao escrever este livro é dissipar os mitos que cercam dietas vegetarianas. Existem inúmeras evidências de que uma dieta vegetariana é mais saudável do que a dieta típica de quem consome carne. É também melhor para o meio ambiente, mais sustentável, faz melhor uso da terra e é uma boa forma de reduzir a emissão de carbono. A pecuária gera quantidades enormes de gases do efeito estufa, que são grandes contribuidores para o aquecimento global e a poluição. Ela também utiliza grande volume de água doce e aproveita a terra de maneira extremamente ineficiente. Ao reduzir o consumo de carne, você estará ajudando a proteger o meio ambiente. Para mim, não comer carne também é uma escolha ética; não acho que os animais devem ser explorados. A verdade é que não precisamos comer carne para sermos saudáveis.

Jamais dei sermões sobre eliminar o consumo de carne. Da mesma forma que política e religião, comer carne muitas vezes mexe com valores éticos e morais muito arraigados, o que costuma ser difícil de mudar. Entretanto, quando as pessoas me perguntam por que não como carne, fico feliz em explicar. Essa escolha nasceu em parte do hábito (meus pais eram vegetarianos, logo fui criada sem carne) e da repulsa ao sofrimento animal, bem como de uma aversão genuína ao produto. Embora nunca tenha tido que abrir mão de churrascos aos fins de semana nem de bacon, a ideia de comer animais jamais me atraiu de verdade.

Não há como negar que foi difícil ser uma criança vegetariana nos anos 1960 e 1970. Eu era a única aluna que não comia carne; fazer refeições na escola era um pesadelo. Eu recebia um prato com queijo ralado ou ovos cozidos em vez da carne moída que todas as outras crianças comiam. Eu era a estraga-prazeres nas festas de aniversário, porque não comia enroladinhos de salsicha. Eu era um "problema" quando me convidavam para lanchar na casa de amigos ("Como assim você não gosta de peixe empanado?"). Naquele tempo, ninguém entendia por que eu não comia carne.

Hoje em dia, claro, ser vegetariano é muito mais aceito socialmente e muito mais fácil de explicar quando comemos fora de casa. Minhas filhas mesmo têm muitas opções vegetarianas deliciosas na escola, como lasanha de lentilha e macarrão de forno à moda mediterrânea. Quando elas vão à casa de amigos, não precisam pedir desculpas por serem vegetarianas. Quando saio para jantar, costuma haver pelo menos um ou dois pratos no cardápio que não contêm carne. E os supermercados agora estão cheios de alimentos vegetarianos incríveis. Nossa vida ficou muito mais fácil!

Embora meus dias de competição tenham terminado, procuro ajudar outros atletas vegetarianos a obterem sucesso no esporte. Isso inclui minhas duas filhas, que são nadadoras e treinam mais de dezoito horas por semana. Elas nunca comeram carne e, no entanto, ao longo dos anos, conseguiram desfrutar de sucesso em nível local, regional e nacional.

Neste livro, eu explico como uma dieta vegetariana pode ajudar você a ter sucesso em seu esporte ou atividade, em quais alimentos precisa focar, como evitar as armadilhas mais comuns de uma dieta vegetariana e como colocar tal dieta em prática. Criei mais de cem receitas saudáveis e deliciosas de café da manhã, pratos principais, sopas, saladas, sobremesas, lanches, vitaminas e shakes. Cada receita foi elaborada para atender às necessidades de atletas e pessoas ativas. Todas estão repletas de ingredientes frescos e nutritivos, para você ter certeza de que está recebendo a combinação certa de nutrientes para ajudá-lo a ter um melhor desempenho, a ganhar músculos e promover a recuperação e a saúde. O melhor de tudo, elas são todas incrivelmente fáceis de fazer, exigem habilidades mínimas de cozinha e têm um sabor incrível.

Bon appetit!

PARTE 1

Guia de nutrição esportiva para vegetarianos

CAPÍTULO 1

CARNE: POR QUE NÃO?

OS BENEFÍCIOS DE UMA DIETA VEGETARIANA

Muitas pessoas pensam que o vegetarianismo é apenas uma moda passageira. Bem, elas não poderiam estar mais erradas. Vegetarianismo engloba muito mais do que não comer carne. É um estilo de vida, um estado de espírito, um conjunto de crenças e valores únicos e importantes para cada indivíduo. As razões pelas quais as pessoas escolhem não comer carne variam, e incluem questões relacionadas a meio ambiente, economia, religião, ética, bem-estar animal, compaixão e, claro, saúde.

A sustentabilidade se tornou uma questão importante, e hoje muitos receiam que, se a tendência atual no consumo de carne não mudar, não seremos capazes de alimentar a população global em expansão. A produção de carne utiliza terra, água e energia de maneira altamente ineficiente em comparação com a agricultura. Atualmente, existem 7,2 bilhões de pessoas no mundo, e estima-se que a população alcance 9,6 bilhões em 2050, de acordo com a Organização das Nações Unidas. As pessoas estão vivendo mais e comendo mais. Isso significa que precisamos, de alguma forma, otimizar os recursos da terra para alimentar todas essas pessoas, e por um período mais longo. Estima-se que devem ser produzidos 50 a 70% mais alimentos até 2050. A hora de fazer pequenas mudanças que podem causar um grande impacto em nosso planeta é agora. Há uma solução muito simples para grande parte dos maiores problemas do mundo, e ela começa com comer menos carne. Uma dieta vegetariana requer muito menos recursos ambientais, como energia, terra, pesticidas, fertilizantes químicos, combustível, ração e água do que uma dieta à base de carne, e é, sem dúvida, mais sustentável (Pimentel & Pimentel, 2003; Berners-Lee et al., 2012, Carbon Trust, 2015). Aqui vão nove razões para fazer a transição para uma dieta baseada em vegetais.

DEFINIÇÃO DAS DIETAS VEGETARIANAS

LACTO-OVOVEGETARIANA:
O tipo mais comum de dieta vegetariana, que inclui produtos lácteos e ovos.

LACTOVEGETARIANA: Inclui produtos lácteos, mas não ovos.

OVOVEGETARIANA: Inclui ovos, mas não produtos lácteos.

VEGANA: Exclui todos os alimentos e produtos de origem animal, inclusive mel.

FLEXITARIANA: Também denominada semivegetariana, é uma dieta principalmente vegetariana com consumo ocasional de carne e peixe.

PISCITARIANA: Evita a carne, mas inclui peixe, frutos do mar, ovos e produtos lácteos.

NOTA: Os termos "flexitariano" e "piscitariano" são, de certa forma, paradoxais, mas você encontrará pessoas que usam estes termos para descrever seus hábitos alimentares.

1 É MELHOR PARA O MEIO AMBIENTE

Poucas pessoas estão cientes das relações entre mudança climática, dieta e consumo de carne. No entanto, a pecuária (e, por consequência, o consumo de carne) é a principal causa de emissões de gases do efeito estufa. Todo mundo pensa que as alterações climáticas e o aquecimento global são devidos à queima de combustíveis fósseis, mas a pecuária é responsável por 51% das emissões de gases do efeito estufa provenientes de atividades humanas, o que é consideravelmente mais do que todo o setor de transportes (Goodland & Anhang, 2009). Mudar para uma dieta vegetariana ou vegana pode reduzir essas emissões em 70 e 63%, respectivamente (Springmann et al., 2016).

Entre os gases do efeito estufa estão o dióxido de carbono (proveniente da queima de combustíveis fósseis usados para alimentar máquinas agrícolas e para transportar, armazenar e cozinhar alimentos), o óxido nitroso (proveniente de solos fertilizados) e o metano (proveniente da fermentação entérica em animais ruminantes). Devido a seu processo digestivo único, vacas, ovelhas e outros ruminantes geram quantidades substanciais de metano, que é 25 vezes mais potente que o dióxido de carbono. Uma única vaca produz entre 250 e quinhentos litros de metano por dia.

Já estamos perigosamente perto do aumento máximo de 2°C na temperatura global acordado em 2010 pelos países-membros na Conferência das Nações Unidas sobre as Mudanças Climáticas, em Cancún. A menos que mudemos para uma dieta mais sustentável baseada em vegetais, as emissões de gases do efeito estufa resultantes da produção de alimentos tornarão extremamente difícil permanecer abaixo desse limite (Bajželj et al., 2014). Os cientistas dizem que, se esse limite de 2°C for ultrapassado, veremos extinção generalizada de espécies animais e vegetais, secas, desmatamento, aumento do nível do mar, aumento do risco de inundação de áreas baixas perto da costa e até mesmo submersão total de ilhas baixas. Em outras palavras, o aquecimento global terá um impacto devastador em nosso planeta.

Então, como podemos manter o aumento da temperatura abaixo de 2°C? Comer menos carne é uma estratégia óbvia. Se fosse adotada em todo o mundo, geraria um quarto da redução de emissões necessária para nos mantermos abaixo deste nível até 2050, de acordo com um relatório da Chatham House, do Royal Institute of International Affairs (Wellesley et al., 2015). Isso faz eco à recomendação do Carbon Trust, que também diz que a mudança para uma alimentação mais vegetariana reduzirá drasticamente o impacto no meio ambiente (Carbon Trust, 2015). Em outras palavras, cortar a carne aumentará a sustentabilidade de nossa dieta e alimentará o mundo de forma mais justa e humanitária.

■ Mais de um terço de todas as matérias-primas e combustíveis fósseis consumidos nos Estados Unidos são utilizados na criação de animais.

■ A produção de uma caloria de proteína animal requer mais de dez vezes a quantidade de combustível fóssil do que de uma caloria de proteína vegetal.

■ Uma pessoa que segue uma dieta baseada em vegetais produz 50% menos CO_2 e usa ⅟₁₁ da quantidade de petróleo, ⅓ da de água e ⅟₁₈ da de terra.

■ Suprimir a carne pode reduzir a emissão de carbono pela metade.

■ A propagação de fertilizantes no solo gera óxido nitroso, que é trezentas vezes mais prejudicial ao clima do que o dióxido de carbono.

■ A emissão de gases do efeito estufa provocada por consumidores de carne é aproximadamente duas vezes maior do que a dos veganos (Scarborough et al., 2014). Isso vem da ineficiência no cultivo de cereais para a alimentação animal e do metano produzido pelo gado.

2 ECONOMIZA ÁGUA

A produção de carne, especialmente a alimentação do gado, é um processo particularmente intensivo no uso de água. A agricultura animal usa mais de 128 trilhões de litros de água por ano. Não comer carne economiza água.

■ Aproximadamente 70% de toda a água doce usada por seres humanos é aplicada na irrigação, e muito dela é usada em plantios e pastos para alimentar gado.

■ A produção de um quilo de carne requer aproximadamente 43 mil litros de água, o que é quase cinquenta vezes mais que o necessário para produzir um quilo de legumes (mil litros) (Pimentel et al., 2004).

■ A pecuária é responsável por até 33% de todo o consumo de água doce no mundo.

■ 780 milhões de pessoas (uma em cada dez) não têm acesso a água potável.

3 NÃO DESTRÓI ESPÉCIES

Ninguém quer ver espécies serem destruídas, mas comendo carne você está contribuindo involuntariamente para a extinção de mais de cem espécies de animais, plantas e insetos diariamente. Grandes áreas de floresta tropical estão sendo devastadas para serem transformadas em pasto e para o cultivo de alimentos para animais. Ao remover a floresta tropical, os habitats também são perdidos e, junto, milhares de espécies de animais, plantas e insetos (www.savetheamazon.org/rainforeststats.htm).

4 PROTEGE OS OCEANOS

Três quartos das áreas de pesca do mundo são superexploradas ou estão esgotadas. A sobrepesca esgota oceanos e prejudica a vida selvagem. Para cada quilo de peixe, cinco quilos de captura acessória (outros peixes e animais marinhos) também são pescados e desperdiçados. Muitas populações de aves marinhas estão ameaçadas hoje porque não há peixes suficientes para sobreviverem. Há também o problema de golfinhos, baleias, tartarugas e outras aves marinhas serem mortos quando pegos em equipamentos de pesca e redes.

■ Até 40% dos peixes capturados globalmente a cada ano são descartados (Goldenberg, 2014).

■ Cientistas estimam que 650 mil baleias, golfinhos e focas também são mortos todos os anos por navios de pesca.

5 UTILIZA MELHOR A TERRA

A criação de animais para consumo é uma forma muito dispendiosa e ineficiente de produzir alimento para as pessoas. Mudar para uma dieta baseada em vegetais resulta num uso muito mais econômico da terra. Cultivar plantas para alimentar pessoas em vez de animais exige menos terra, água e outros recursos, ajuda a recuperar o solo e aumenta a segurança alimentar global. A pecuária também é uma das principais causas da destruição das florestas tropicais. Elas estão desaparecendo rapidamente, cortadas para virar pastagem ou para o cultivo de alimentos para animais.

■ 30% da superfície terrestre – que representa 70% de toda a terra utilizada na agropecuária – é utilizada para a produção de produtos animais.

■ É preciso 0,07 hectare para alimentar um vegano, três vezes esta área para um vegetariano, mas dezoito vezes mais para um consumidor de carne.

■ Os animais consomem metade do trigo e 60% da cevada cultivada no Reino Unido, e 80% da soja produzida no mundo.

É BOM PARA O PLANETA

Dietas à base de vegetais consomem menos recursos naturais. Um estudo da Universidade de Oxford estimou que a mudança para uma dieta mais baseada em vegetais, de acordo com as diretrizes dietéticas globais da OMS, reduziria em mais de dois terços as emissões de gases do efeito estufa relacionadas à alimentação (Springmann et al., 2016).

■ O gado consome sete quilos de grãos para cada quilo de carne produzida.

■ 0,6 hectare de terra pode produzir dezessete toneladas de alimentos vegetais, enquanto a mesma quantidade de terra produz apenas 170 quilos de carne.

■ A pecuária é responsável por 70% do desmatamento da Amazônia na América Latina, onde a floresta foi liberada para a criação de novas pastagens.

6 PROVOCA MENOS POLUIÇÃO E DESPERDÍCIO

Resíduos animais poluem substancialmente a água e o ar e emitem óxido nitroso e metano. No Reino Unido, a agropecuária intensiva é uma das principais causas da poluição da água. O escoamento superficial ocasiona altos níveis de nitrogênio nos rios e oceanos, poluindo, com isso, a água costeira, matando a vida marinha e resultando em zonas mortas no oceano.

■ A pecuária intensiva produz 500 milhões de toneladas de estrume por ano apenas nos Estados Unidos, três vezes a quantidade de dejetos de toda a população humana.

■ Uma fazenda com 2.500 vacas leiteiras gera a mesma quantidade de resíduos que uma cidade de 411 mil habitantes.

7 É ÉTICO

Para muitos, adotar um estilo de vida vegetariano é uma decisão ética. Eles acreditam que criar e matar animais para consumo da carne é moralmente errado; que comer carne é uma forma de exploração e crueldade com os animais. Ao não comerem carne, estão ajudando a prevenir essa exploração. Os vegetarianos também acreditam que os animais têm direitos – à vida e à liberdade, e que é antiético criá-los e matá-los para que possamos comer carne e peixe. Não importa se os animais são criados em condições dignas ou tratados com "humanidade", isso não justifica a criação e o abate. No final, eles têm vidas curtas. A verdade é que não precisamos comer carne para viver nem para sermos saudáveis. Podemos obter uma dieta perfeitamente saudável consumindo outros alimentos.

- No Reino Unido, mais de 2 milhões de animais terrestres são abatidos diariamente e quase 600 mil toneladas de peixes são mortos a cada ano.
- O gado de corte é abatido entre 1-2 anos, consideravelmente menos do que seu tempo natural de vida, de 20-25 anos.
- Ovelhas vivem naturalmente por quinze anos, mas são abatidas entre 3-10 meses de vida.
- Porcos também vivem por quinze anos, mas suas vidas são cortadas quando eles têm entre 3-6 meses.
- Galinhas podem viver por dez anos, mas são mortas em apenas seis semanas.

8 É COMPASSIVO COM OS ANIMAIS

Muitas pessoas optam por não comer carne porque estão preocupadas com o sofrimento animal. Muitos animais cultivados para abate são mantidos em fazendas industriais sujas e apertadas e nunca experimentam uma vida natural ao ar livre. Eles são mantidos dentro de pequenos espaços cobertos, para que os agricultores possam cortar custos e produzir carne da forma mais rápida e barata possível. Os vegetarianos acreditam que é cruel manter animais em tais condições. A maioria dos animais criados para abate não tem acesso a ar fresco, exercício adequado ou à liberdade de se comportar naturalmente. Eles podem sentir dor, desconforto, medo e frustração. Em última análise, quer sejam criados de forma intensiva ou extensiva, todos os animais têm uma morte violenta no matadouro quando ainda são muito jovens.

- Muitos bovinos de corte são mantidos enclausurados o tempo todo.
- A maioria dos suínos no Reino Unido é criada intensivamente em galpões superlotados e sem acesso ao ar livre.
- A maioria dos frangos de corte vive em grandes galpões lotados e sem janelas. As aves são engordadas tão rapidamente que suas pernas podem não ser capazes de carregar o peso de seus corpos.
- As ovelhas podem passar a maior parte de suas vidas ao ar livre, mas anualmente uma em cada vinte morre de frio, fome, doença ou por lesão. Muitas são transportadas por longas distâncias para o abate, o que é estressante.
- Os peixes podem ser arrastados ao longo do leito do oceano por longos períodos em redes gigantes e sofrer uma descompressão dolorosa quando trazidos do fundo à superfície. Em alguns navios, os peixes são eviscerados vivos.
- Ser criado ao ar livre não significa ausência de crueldade. Os animais são muitas vezes mantidos em aglomeração, com acesso restrito ao ambiente externo. Eles ainda são abatidos em idade precoce, da mesma forma que os animais criados intensivamente.

9 É MAIS SAUDÁVEL

As pessoas que vivem nas cinco regiões do mundo identificadas como tendo as maiores concentrações de centenários (as chamadas zonas azuis: Sardenha; Okinawa, no Japão; Icária, na Grécia; a península de Nicoya, na Costa Rica; e Loma Linda, no sul da Califórnia) seguem uma dieta baseada principalmente em vegetais ou semivegetariana. Os sardos, por exemplo, comem carne uma ou duas vezes por semana, e a população de Okinawa, no Japão, obtém apenas 7% de suas calorias de proteínas – a maioria das quais vem da batata-doce.

Muitas organizações de saúde de ponta sugerem que comer menos carne e mais alimentos vegetais proporciona benefícios nutricionais e de saúde indiscutíveis. A British Dietetic Association afirma que "as dietas vegetarianas bem-planejadas podem ser nutritivas e saudáveis" (BDA, 2014). Isso está de acordo com a declaração sobre dietas vegetarianas da Academy of Nutrition and Dietetics (anteriormente denominada American Dietetic Association), que afirma que "dietas vegetarianas devidamente planejadas, incluindo dietas integralmente vegetarianas ou veganas, são saudáveis, nutricionalmente adequadas e podem fornecer benefícios de saúde na prevenção e no tratamento de determinadas doenças" (Craig et al., 2009). Na verdade, centenas de estudos sugerem que os vegetarianos têm vidas mais longas e menor risco de desenvolver:

- Doenças cardíacas
- Hipertensão arterial
- Diabetes tipo 2
- Obesidade
- Determinados tipos de câncer

Pesquisas dietéticas prospectivas de grande escala descobriram que os vegetarianos geralmente ingerem maior quantidade de frutas e vegetais, fibras, nutrientes antioxidantes e fitoquímicos (substâncias vegetais que têm propriedades benéficas para a saúde) e menor quantidade de gordura saturada do que os não vegetarianos (Spencer et al. 2003; Key et al., 1996). É possível que outros fatores do estilo de vida também desempenhem um papel – os vegetarianos geralmente pesam menos, se exercitam mais, são menos propensos a fumar e a consumir álcool em excesso; tudo isso pode explicar uma parte da redução do risco de doenças.

Nosso conhecimento dos benefícios de uma dieta vegetariana vem principalmente desses estudos de coorte em larga escala:

O VEGETARIANISMO É BOM PARA O SEU CÉREBRO

As dietas vegetarianas estão associadas a menor risco de depressão, de acordo com um estudo espanhol envolvendo 15 mil pessoas, que descobriu que aqueles que consomem uma dieta baseada principalmente em vegetais – incluindo uma dieta vegetariana – estão 25 a 30% menos propensos a serem diagnosticados com depressão em um período de dez anos (Sánchez-Villegas et al., 2015).

- O European Prospective Investigation into Cancer and Nutrition (EPIC), um estudo ainda em curso iniciado em 1992, analisou a relação entre dieta, estilo de vida e câncer em cerca de meio milhão de pessoas de dez países europeus.
- O EPIC-Oxford faz parte do estudo EPIC e analisa como a dieta influencia o risco de câncer e outras doenças crônicas em uma coorte (grupo) de 65 mil pessoas no Reino Unido.
- O Oxford Vegetarian Study, um estudo prospectivo sobre a saúde de 6 mil vegetarianos e 5 mil não vegetarianos no Reino Unido, começou no início dos anos 1980 e os seguiu ao longo de doze anos.
- Os Adventist Health Studies (Adventist Mortality Study, Adventist Health Study e Adventist Health Study-2) realizados por pesquisadores da Universidade de Loma Linda, na Califórnia, acompanharam as dietas e estilos de vida de milhares de adventistas do sétimo dia nos Estados Unidos e Canadá. Adventistas apresentam menor risco de doenças cardíacas e outras doenças crônicas do que outros americanos devido, em parte, à sua dieta. Cerca de metade deles são vegetarianos e, por razões religiosas, também se abstêm de tabaco e álcool. Isso, portanto, apresenta uma oportunidade ideal para os cientistas compararem diferentes padrões dietéticos vegetarianos, eliminando fatores de risco, como o álcool e o tabagismo.

AJUDA VOCÊ A VIVER MAIS TEMPO

As pessoas que seguiram uma dieta vegetariana durante pelo menos dezessete anos vivem cerca de quatro anos mais do que as que consomem carne, de acordo com pesquisa da Mayo Clinic, Arizona (Fields et al., 2016). Uma análise de seis estudos prospectivos feita por pesquisadores da Universidade de Loma Linda concluiu que as pessoas que comem pouca carne vivem mais do que a média (Singh et al., 2003). Aqueles que comeram dessa maneira por vinte anos ou mais tiveram o mais baixo risco de morte precoce. Da mesma forma, uma análise dos três estudos adventistas descobriu que as pessoas que seguiam uma dieta vegetariana viviam mais tempo e tinham menores riscos de sofrer de doenças cardíacas, acidentes vasculares cerebrais e certos tipos de câncer do que os consumidores de carne (Le & Sabate, 2014). Um desses estudos, o Adventist Health Study-2, envolvendo 96 mil pessoas, descobriu que aqueles que excluíram carne tiveram um risco 12% menor de morte nos seis anos seguintes em comparação com não vegetarianos (Orlich et al., 2013).

É BOM PARA O SEU CORAÇÃO

Uma das principais descobertas dos Adventist Health Studies foi o baixo risco de doenças cardíacas entre os vegetarianos, em comparação com os que consomem carne (Snowdon, 1988; Key et al., 1999; Orlich et al., 2013). Isso foi confirmado pelo mais recente estudo EPIC-Oxford, o maior já realizado no Reino Unido, que acompanhou as dietas de 45 mil pessoas na Inglaterra e na Escócia, um terço das quais eram vegetarianas. Verificou-se que os vegetarianos eram 32% menos propensos a desenvolver doenças cardíacas em comparação com aqueles que comiam carne e peixe (Crowe et al., 2013). Depois de dez anos, os pesquisadores descobriram que os vegetarianos também eram menos propensos a sobrepeso, tinham menos probabilidade de desenvolver diabetes tipo 2 e apresentavam níveis mais baixos de pressão arterial e colesterol LDL. Esses benefícios para a saúde podem ser explicados pela maior ingestão de frutas, legumes, oleaginosas, feijões e lentilhas, que são fontes ricas em fibras solúveis. As fibras solúveis reduzem os níveis de colesterol no sangue. Além disso, vegetais contêm milhares de fitoquímicos e óleos insaturados saudáveis, que ajudam a reduzir a inflamação crônica de baixo grau – processo que está intimamente envolvido no desenvolvimento de aterosclerose, ataques cardíacos, derrames e até mesmo demência vascular.

Não é essencial ser integralmente vegetariano para se beneficiar de comer menos carne. Em um estudo de 2015 realizado por pesquisadores no Imperial College London como parte do projeto EPIC, aqueles que consumiram pelo menos 70% de seus alimentos de fontes vegetais tinham um risco 20% menor de sucumbir a doenças cardíacas ou acidente vascular cerebral (Lassale et al., 2015).

REDUZ O RISCO DE CÂNCER

Muitos estudos mostraram que as populações que consomem menos carne tendem a desenvolver menos câncer, particularmente colorretal, de mama e de próstata. O estudo EPIC-Oxford descobriu que os vegetarianos são menos propensos a desenvolver câncer do que os consumidores de carne, em parte devido à ausência de carne e em parte ao aumento da ingestão de frutas, legumes e fibras (Key et al., 2009).

O câncer colorretal é mais comum entre pessoas que comem principalmente carne vermelha e carne processada. Consideram-se carnes processadas aquelas que foram defumadas, curadas ou acrescidas de sal ou conservantes químicos, incluindo presunto, bacon, algumas linguiças, carne-seca, salame, chouriço, pepperoni e salsichas. De acordo com o relatório de peritos de 2007 do World Cancer Research Fund (WCRF) e do American Institute of Cancer Research (AICR), comer uma quantidade, mesmo que pequena, de carne processada regularmente aumenta consideravelmente o risco de câncer colorretal (WCRF/AICR, 2007). Ele também descobriu que comer mais de 500g de carne vermelha por semana aumenta este risco. Outro relatório dos pesquisadores do WCRF em 2011 confirmou esta conclusão (Chan et al., 2011). Por essa razão, tanto o WCRF como o National Health Service (NHS) recomendam não comer mais de 500g de carne por semana (ou 70g por dia) e o mínimo de carne processada possível.

Como a carne provoca câncer?

O aumento do risco de câncer entre quem consome carne pode se dar devido a uma série de fatores, incluindo a falta de fibras, menor ingestão de vegetais, ou a determinadas substâncias químicas encontradas na própria carne. Uma teoria é de que os compostos de hemo (ou heme) encontrados naturalmente na carne vermelha (e que dão à carne sua cor) são divididos para formar compostos N-nitroso carcinógenos (cancerígenos) no intestino (Bastide et al., 2011). Estes podem danificar as células que forram o intestino.

Além disso, quando a carne é grelhada ou assada, produtos químicos chamados aminas heterocíclicas (HCAs) e hidrocarbonetos aromáticos policíclicos (HAP) são formados, e estes podem provocar câncer. Outra teoria é a de que as substâncias cancerígenas se formam quando se preserva a carne defumando, curando ou salgando, ou adicionando conservantes. Outras teorias sugerem que o ferro na carne pode desempenhar um papel no câncer, enquanto outros propõem que as bactérias no intestino podem estar envolvidas.

A evidência mais forte vem de um relatório da International Agency for Research on Cancer da Organização Mundial de Saúde (WHO/IARC), que determinou que a carne processada "definitivamente" causa câncer e a carne vermelha "provavelmente" causa câncer (Bouvard et al., 2015). O relatório colocou a carne processada na mesma classe de risco de câncer que o cigarro, o amianto e o álcool (carcinógenos do grupo 1), o que significa que os especialistas estão muito confiantes de que causa câncer (embora não afirmem quantos tipos são). O relatório concluiu que 50g de carne processada por dia é o suficiente para aumentar significativamente o risco de câncer colorretal em 18%.

O estudo EPIC descobriu que o consumo de carne processada aumenta o risco de morte por doenças cardíacas e câncer (Rohrmann et al., 2013). Esses resultados foram baseados em uma análise de quase meio milhão de pessoas com idades entre 35 e 69 anos. Os pesquisadores também descobriram que o câncer colorretal foi 30% mais comum entre as pessoas que comiam 160g de carne vermelha e processada por dia, em comparação com aquelas que comiam menos de 20g por dia (Norat et al., 2005). Uma análise de 29 estudos concluiu que o alto consumo de carne vermelha aumenta este risco em 28% e um alto consumo de carne processada aumenta este risco em 20% (Larsson e Wolk, 2006).

PODE AJUDAR A BAIXAR A PRESSÃO ARTERIAL

Frutas, legumes, feijões, lentilhas, grãos integrais, oleaginosas e sementes são todos repletos de potássio, o que ajuda a baixar a pressão arterial e melhorar a saúde do coração. O estudo EPIC-Oxford descobriu que os vegetarianos tinham pressão arterial mais baixa e menos hipertensão do que os consumidores de carne, embora isso possa ser parcialmente explicado pelo baixo peso corporal (pressão arterial elevada é associada à obesidade) (Appleby et al., 2002). No Adventist Health Study-2, os vegetarianos foram 55% menos propensos a desenvolver hipertensão do que os consumidores de carne (Pettersen et al., 2012; Le e Sabate, 2014).

REDUZ O COLESTEROL

O Oxford Vegetarian Study, envolvendo 11 mil pessoas, descobriu que os vegetarianos tinham níveis mais baixos de colesterol LDL e total do que os consumidores de carne (Appleby et al., 1999). Acredita-se que isso se deve à combinação única de fibras, vitaminas e dos fitoquímicos encontrados nos vegetais. Segundo um estudo de 2005, a adição de oleaginosas, sementes, grãos integrais, frutas e vegetais à dieta é uma maneira mais eficaz de diminuir o nocivo colesterol LDL no sangue e o risco de doenças cardíacas do que cortar gorduras, saturadas ou não (Gardner et al., 2005).

AJUDA A PERDER PESO

Em geral, vegetarianos pesam menos e têm índice de massa corporal (IMC) menor do que aqueles que comem carne (Appleby & Key, 2015; Spencer et al., 2003). Isso se deve em parte a estilos de vida mais saudáveis, mas também ao fato de que os alimentos à base de vegetais contêm significativamente menos calorias do que carne – o maior consumo deles significa que você sentirá menos fome e ficará mais saciado depois de comer. Uma análise de doze estudos envolvendo 1.150 pessoas em diferentes planos de perda de peso descobriu que os que seguem uma dieta vegetariana ou vegana perderam mais peso do que aqueles que comeram carne durante dezoito semanas (Huang et al., 2016). Aqueles que seguiram uma dieta de perda de peso vegetariana perderam cerca de dois quilos a mais em média do que aqueles cujas refeições incluíam carne. Seu sucesso pode ser explicado pelo fato de que as dietas vegetarianas são fartas em frutas, legumes e grãos integrais, que são ricos em fibras, levam mais tempo para serem digeridos e mantêm a sensação de saciedade durante um período mais longo. Os pesquisadores também descobriram que as pessoas que abriram mão da carne para perder peso eram mais propensas a ainda estar seguindo seu plano de alimentação saudável um ano mais tarde, se comparadas àquelas que consumiram carne.

Feijões, lentilhas, grão-de-bico, legumes, oleaginosas e cereais integrais não apenas saciam, mas também podem ajudar a perder peso agindo sobre os micróbios intestinais (bactérias que vivem em seu intestino) também. Fibra e polifenóis (compostos vegetais antioxidantes) encontrados nestes alimentos incentivam o crescimento das bactérias intestinais saudáveis. Os pesquisadores descobriram que quanto maior a diversidade dos micróbios intestinais, maior a probabilidade de você ser saudável e magro (Spector, 2015).

REDUZ O RISCO DE DIABETES TIPO 2

No Adventist Health Study-2, o risco de diabetes tipo 2 foi de 25 a 49% menor em vegetarianos do que entre consumidores de carne. Quanto mais carne as pessoas comiam, maior o risco (Tonstad et al., 2009). Isso se manteve válido mesmo depois de fatores como atividade física e IMC terem sido isolados. A explicação pode se dar em parte pelo alto teor de fibra das dietas vegetarianas, o que ajuda a aumentar a saciedade (e assim reduzir o consumo excessivo), controlar os níveis de açúcar no sangue e evitar picos após as refeições, e em parte pela ausência de carne. Um estudo prévio com 37 mil mulheres feito por pesquisadores do Hospital Brigham and Women (afiliado da Faculdade de Medicina de Harvard), nos Estados Unidos, descobriu que o diabetes tipo 2 era mais comum naqueles que comiam mais carne vermelha e carne processada (Song et al., 2004).

MITOS VEGETARIANOS

Existem muitos mitos sobre dietas vegetarianas. Aqui estão quatro:

MITO 1 VEGETARIANOS NÃO CONSOMEM PROTEÍNA SUFICIENTE

Este é o mito mais comum e, infelizmente, o mais fácil de aceitar, porque nossa sociedade associa proteína quase exclusivamente à carne. A maioria das pessoas, portanto, acredita que a carne é essencial à saúde. No entanto, no Reino Unido, deficiência de proteína não é um problema. A ingestão média é de cerca de 76g por dia por pessoa, o que é 40 a 70% mais do que a orientação diária de 45-55g. O que as pessoas não conseguem perceber é que muitos alimentos além da carne são uma excelente fonte de proteína.

Quase todos os alimentos contêm alguma proteína, de forma que não é difícil obter proteína suficiente de fontes vegetarianas – mesmo se você for um fisiculturista peso-pesado. Procure consumir cerca de 20g após um treino e também a cada refeição. Dê preferência a leites (de origem animal ou vegetal), iogurte, queijo, feijões, lentilhas, derivados de soja, oleaginosas, sementes e grãos. Laticínios são especialmente valiosos para os vegetarianos, pois fornecem proteínas de alta qualidade contendo todos os aminoácidos essenciais, bem como altos níveis de leucina, que desencadeiam a fabricação de proteínas musculares (p.27). Mas, com um pouco de planejamento, em uma dieta vegetariana é fácil fornecer ao corpo proteína de qualidade mais do que suficiente para construir e manter músculos. Como bônus, você também irá fornecer ao corpo uma abundância de vitaminas, minerais e outros compostos, como fitoquímicos e fibras que não são encontrados na carne.

MITO 2 UMA DIETA VEGETARIANA CARECE DE FERRO

A deficiência de ferro costuma ocorrer como resultado da absorção inadequada ou da perda excessiva, através da menstruação, em vez de pela falta de consumo; assim, os que consomem carne são tão suscetíveis à deficiência de ferro quanto os vegetarianos.

Muitas pessoas acreditam que a carne é a única fonte real de ferro, mas a verdade é que ele é encontrado em uma grande variedade de alimentos vegetais, incluindo feijões, lentilhas, folhas verdes, oleaginosas e sementes. Embora o ferro de fontes vegetais não seja tão prontamente absorvido, o corpo se adapta, aproveitando uma porcentagem maior dos alimentos que comemos. Em outras palavras, não se trata de quanto ferro você consome, mas de quão bem você absorve.

Comer alimentos ricos em vitamina C (por exemplo, frutas ou legumes) juntamente com alimentos ricos em ferro melhora muito sua absorção. O ácido cítrico (encontrado naturalmente em frutas e legumes) também promove a absorção do ferro.

Se você consumir uma dieta variada que inclua uma boa dose de grãos, leguminosas, oleaginosas, sementes, frutas e legumes, não estará mais propenso a um risco de deficiência de ferro maior do que quem consome carne.

MITO 3 VOCÊ VAI TER MENOS ENERGIA

A maioria das pessoas, na verdade, apresenta mais energia depois de mudar para uma dieta vegetariana. Quando você corta a carne e, em vez disso, consome mais feijões, lentilhas, oleaginosas, frutas e legumes, está automaticamente ingerindo mais vitaminas, minerais e fitoquímicos, o que aumenta a imunidade. Se seus níveis de energia caírem, é porque provavelmente suas calorias não estão ajustadas com seu treinamento, ou você pode não estar consumindo o equilíbrio correto de nutrientes.

Por exemplo, não consumir proteína ou carboidrato suficiente significa recuperação mais lenta pós-exercício, e seus músculos não podem se reparar de forma eficiente. Procure acrescentar mais feijões, lentilhas, laticínios, grãos, frutas e oleaginosas à sua dieta.

MITO 4 DIETAS VEGETARIANAS VÃO DEIXÁ-LO COM FOME

Se você está com fome em uma dieta vegetariana, então está fazendo algo errado – ou seja, não consumindo fibras suficientes. Vegetais como feijões, lentilhas, grãos integrais, frutas, legumes, oleaginosas e sementes estão cheios de fibras que, literalmente, mantêm você satisfeito por mais tempo e estabilizam os níveis de açúcar no sangue, para evitar desejos por alimentos não saudáveis logo após a refeição. Elas também ajudam a satisfazer a fome, reduzindo a rapidez com que os alimentos passam por seu sistema digestivo.

TORNANDO-SE VEGETARIANO – OS PRIMEIROS PASSOS

Agora que você já leu até aqui, espero que esteja convencido de que uma dieta vegetariana é mais saudável, menos prejudicial para o meio ambiente, mais gentil com os animais e pode ajudá-lo a se tornar um atleta incrível. Se você está pronto para abrir mão da carne, então aqui vão algumas dicas:

■ Você não tem que se tornar vegetariano da noite para o dia; pode fazê-lo gradualmente. Tente comer menos carne ao longo de algumas semanas, sendo vegetariano um dia por semana, depois substituindo cada vez mais a carne por refeições vegetarianas de segunda a sexta e também nos fins de semana.

■ Experimente diferentes alimentos frescos e receitas para descobrir o que você prefere. Virar vegetariano pode abrir seus olhos para um mundo totalmente novo de ingredientes, técnicas de cozinha e culinárias.

■ Não basta substituir a carne por imitações ou alimentos pré-prontos mais convenientes, como hambúrgueres vegetarianos, salsichas, pizzas e tortas. Eles são carregados de sal e pobres em vitaminas, minerais e fibras. Alimentos frescos e integrais são uma maneira mais saudável de abastecer seu corpo para o exercício. As receitas na Parte 2 oferecem ideias e inspiração de sobra!

■ Procure adaptar seus pratos preferidos para versões vegetarianas. Refogados, ensopados, *curry*, *chilli* e hambúrgueres podem ser transformados em refeições vegetarianas usando feijões, lentilhas ou tofu em vez de carne.

■ Teste uma receita nova por semana. Não se preocupe se você não é um cozinheiro experiente – a Parte 2 contém muitas receitas simples que requerem mínima habilidade ou experiência culinária. Depois de começar a cozinhar e criar suas próprias versões vegetarianas, você vai perceber que há um mundo novo e inspirador de alimentos lá fora, apenas esperando para ser descoberto.

Risoto de abóbora-manteiga e ervilha, p.135

CAPÍTULO 2

MAXIMIZANDO SEU DESEMPENHO SEM CARNE

É um erro comum acreditar que uma dieta vegetariana não pode sustentar um desempenho atlético de alto nível. Opositores insistem que, por mais apto e saudável que você seja, você seria ainda mais apto, saudável, rápido e de forma geral "melhor" com carne em sua dieta. Nada pode estar mais longe da verdade – há muitos exemplos de atletas de renome mundial e campeões olímpicos que não comem carne. Eis aqui apenas alguns:

Lizzie Armitstead (campeã de ciclismo de pista e de estrada)

Brendan Brazier (triatleta profissional de Ironman)

Michaela Copenhaver (remadora da equipe norte-americana)

Meagen Duhamel (campeã mundial de patinação de duplas)

Prince Fielder (jogador de beisebol da Major League)

Vlad Ixel (ultramaratonista *trail* e detentor de recorde)

Scott Jurek (ultramaratonista mundial e detentor de recorde)

Jack Lindquist (ciclista de pista profissional)

Heather Mills (competidor de *bobsled skeleton* e recordista de patinação de velocidade)

Ed Moses (medalhista de ouro dos 400m com barreiras)

Martina Navratilova (tenista nove vezes campeã de Wimbledon)

Pat Reeves (campeã do British Masters de levantamento de peso)

Dave Scott (campeão mundial de Ironman)

Kevin Selker (campeão norte-americano de ciclismo de pista)

Madi Serpico (triatleta profissional)

Peter Siddle (*fast bowler* da equipe australiana de críquete)

Billy Simmonds (fisiculturista e vencedor do Mr. Natural Universe)

David Smith (medalhista de ouro e campeão mundial do ciclismo paralímpico)

Mike Tyson (campeão de boxe peso-pesado)

Kenneth G. Williams (fisiculturista e vencedor do World Natural Bodybuilding Championships)

Venus Williams (tenista campeã e quatro vezes medalhista de ouro olímpica)

Corredores de longa distância da África oriental, que estão entre os melhores do mundo, comem muito pouca carne. Eles seguem uma dieta tradicional baseada em vegetais, com grande quantidade de alimentos frescos, não processados, e são testemunho vivo dos benefícios de uma dieta vegetariana.

A realidade é que muitos não vegetarianos não conseguem imaginar uma refeição sem carne no prato. É difícil para eles entender por que alguém iria querer evitar carne, e não são capazes de entender como alguém pode ter energia e bom desempenho sem proteína de carne. Eles acreditam que esporte e dietas vegetarianas simplesmente não se misturam. Já ouvi comedores de carne exortarem vegetarianos a incluir carne de volta em suas dietas, a fim de melhorar o desempenho. No entanto, não há evidência científica para embasar esse ponto de vista. A verdade é que você pode obter todos os nutrientes de que precisa para auxiliar um programa de treinamento intenso sem comer carne.

Em 2009, a American Dietetic Association (ADA), o American College of Sports Medicine (ACSM) e o Dietitians of Canada (DC) publicaram um artigo sobre nutrição para o desempenho atlético e concluíram que "dietas vegetarianas bem-planejadas parecem dar suporte eficaz aos parâmetros que influenciam o desempenho atlético" (ADA, 2009). Esse ponto de vista é apoiado pelo Australian Institute for Sport (AIS), que afirma que "a alimentação vegetariana pode suprir o desempenho esportivo de excelência". Em outras palavras, carne e peixe não são essenciais para a máxima performance.

Ao planejar uma dieta vegetariana, é essencial se certificar de que ela contenha todos os nutrientes necessários de que você precisa para a boa saúde e a prática de exercícios. Quando se fazem escolhas equilibradas e saudáveis, uma dieta vegetariana pode facilmente satisfazer as necessidades nutricionais para qualquer esporte ou estilo de vida.

Se você tiver o cuidado de consumir uma grande variedade de alimentos, uma dieta vegetariana pode impulsionar a performance tão bem quanto uma dieta à base de carne. A chave é saber quais alimentos comer no lugar da carne e de que forma incorporá-los às refeições. Se você é novato no vegetarianismo, então isso pode exigir algumas mudanças iniciais na forma como você compra, prepara e cozinha os alimentos. Mas a boa notícia é que, uma vez que você entende as regras básicas, torna-se muito fácil montar uma dieta equilibrada sem carne. Se você já segue uma dieta vegetariana ou está apenas interessado em comer menos carne, este capítulo irá explicar como você pode garantir a obtenção de todos os nutrientes certos e evitar as armadilhas mais comuns de uma dieta vegetariana. Ele se concentra nos principais nutrientes que muitas vezes faltam a vegetarianos e veganos e dá dicas práticas sobre como obter sua cota diária.

ATLETAS VEGETARIANOS PODEM TER O MESMO DESEMPENHO DE PESSOAS QUE COMEM CARNE?

Uma análise feita por pesquisadores australianos em 2015 sobre oito estudos que compararam o desempenho de atletas que tinham uma dieta vegetariana a atletas cujas dietas incluíam carne concluiu que dietas vegetarianas bem-planejadas e variadas não prejudicam nem melhoram o desempenho atlético (Craddock et al., 2015). Isso está de acordo com os resultados de uma revisão anterior de estudos da Universidade de British Columbia, Canadá, que sugeriu que dietas vegetarianas podem fornecer proteínas mais do que suficientes para dar suporte ao treinamento e desempenho atléticos (Barr & Rideout, 2004).

Vários estudos têm medido aptidão física, circunferência dos membros e força em atletas vegetarianos e não vegetarianos, e não foram encontradas diferenças em nenhum desses parâmetros (Nieman, 1999; Hanne et al., 1986). Em outras palavras, os vegetarianos não estavam em desvantagem em termos de desempenho, aptidão ou força.

Em um estudo, os pesquisadores pediram aos corredores que seguissem uma dieta vegetariana ou não vegetariana por duas semanas. Eles não encontraram diferença no desempenho de corrida dos dois grupos, sugerindo que abrir mão da carne não teve nenhum efeito prejudicial sobre o desempenho a curto prazo (Williams, 1985).

Entre atletas do sexo feminino que consumiam uma dieta semivegetariana (menos de 100g de carne vermelha por semana), não havia diferença na aptidão aeróbica em comparação às que comiam carne (Snyder, 1989).

Pesquisadores dinamarqueses testaram atletas depois que estes consumiram uma dieta vegetariana ou não vegetariana por seis semanas, alternadamente (Richter et al., 1991). O conteúdo de carboidratos de ambas foi mantido (57% de energia). Independentemente da dieta adotada, os atletas não sofreram alterações na capacidade aeróbica, na resistência, na concentração de glicogênio muscular ou na força.

Em um estudo, ultracorredores completaram uma corrida de mil quilômetros em um período de vinte dias depois de consumirem uma dieta vegetariana ou não vegetariana contendo quantidades semelhantes de carboidratos (60% de energia) (Eisinger, 1994). Não houve diferença no desempenho entre os dois grupos. Em um estudo de 2002, os atletas que seguiram uma dieta vegetariana durante doze semanas de treinamento de resistência obtiveram os mesmos ganhos de força e tamanho muscular que aqueles que seguiram uma dieta não vegetariana contendo exatamente a mesma quantidade de proteínas (Haub et al., 2002). Em outras palavras, quando se trata de construção muscular, não importa de onde você obtém sua proteína, desde que esteja recebendo o suficiente. Juntos, esses estudos sugerem que vegetarianos podem desempenhar tão bem quanto não vegetarianos e que uma dieta vegetariana bem-planejada não prejudica a performance atlética.

UMA DIETA VEGETARIANA PODE FAZER DE VOCÊ UM ATLETA MELHOR?

Em seu livro autobiográfico *Eat & Run*, Scott Jurek, um ultracorredor vegano, explica que virou vegetariano, depois vegano, com o objetivo de correr mais rápido, não por motivos éticos ou de saúde. Ele correu as cinquenta milhas da Minnesota Voyageur três vezes até ganhar a prova. A única diferença que ele destacou na terceira ocasião foi sua dieta. "Ganhei a Voyageur na minha terceira tentativa, comendo mais vegetais e menos carne. Eu não corri com mais vontade. Eu estava certo: não dava para forçar o ritmo. Mas eu tinha aprendido algo importante. Eu podia correr de forma mais inteligente. Eu podia comer de forma mais inteligente."

Por outro lado, ele admite que sua dieta anterior era pobre, então qualquer mudança consciente teria sido boa, fosse ou não vegana. Até o momento, nenhum estudo examinou se uma dieta vegetariana pode *melhorar* o desempenho atlético, por isso não sabemos com certeza os verdadeiros benefícios de uma dieta vegetariana no desempenho de exercícios. Estudos controlaram as diferenças inerentes observadas entre dietas vegetarianas e dietas não vegetarianas (por exemplo, carboidratos ou proteínas), ou utilizaram populações que não são representativas de atletas bem-treinados.

Em teoria, se uma dieta vegetariana cumpre ou excede as recomendações de energia (calorias), proteínas, carboidratos e outros nutrientes, então ela corresponde à dieta ideal ou recomendada para prática de exercício e recuperação. Como os vegetarianos geralmente consomem mais fibra e fitonutrientes, mais pesquisas são necessárias para determinar os possíveis benefícios de seguir tal dieta para os treinos e competições.

QUAIS SÃO AS ARMADILHAS DE UMA DIETA VEGETARIANA?

Embora não haja dúvida de que uma dieta vegetariana bem-planejada pode atender a um programa de treinamento intenso, é importante entender que simplesmente tirar a carne do prato não é suficiente para garantir uma boa saúde. Infelizmente, algumas pessoas presumem que apenas eliminar a carne de sua dieta vai torná-las automaticamente mais saudáveis. Muitos tentaram essa abordagem ao vegetarianismo sem sucesso e voltaram aos seus velhos hábitos, culpando a dieta por fazê-los se sentir desgastados, doentes e cansados.

Se um tipo de alimento é retirado de sua dieta e não for substituído com alternativas saudáveis, pode ocorrer um desequilíbrio que leva a diversos problemas. Um prato de macarrão com molho de tomate não contém carne, mas dificilmente conta como uma refeição equilibrada.

Se você não fizer a substituição correta dos alimentos, é muito provável que careça dos principais nutrientes. As armadilhas mais comuns são a falta de proteína, ferro, gorduras ômega-3 e vitamina D. Veganos também podem apresentar falta de vitamina B12 e cálcio. Deficiências destes nutrientes vão afetar seu desempenho e sua saúde e aumentar o risco de doença, fadiga e lesões. A boa notícia é que comendo alimentos alternativos você pode facilmente obter todos os nutrientes de que precisa para ter saúde e alto rendimento.

MONTANDO UMA DIETA EQUILIBRADA E NUTRITIVA

PROTEÍNAS

Embora a carne seja uma fonte concentrada de proteínas, você pode facilmente obter proteína suficiente de outros alimentos. Laticínios, feijões, lentilha, tofu e ovos, por exemplo, são excelentes fontes de proteína, portanto, não é difícil obter sua cota diária.

Uma das maiores falácias sobre dietas vegetarianas é que elas não são capazes de fornecer proteína suficiente para ganho muscular. Os céticos gostam de repetir que vegetarianos comem menos proteínas do que os consumidores de carne. E daí? Isso não significa que os vegetarianos têm carência de proteína ou que você não pode ganhar musculatura nem atingir seu potencial máximo no esporte. De fato, estudos mostram que dietas vegetarianas bem-planejadas podem facilmente atender às necessidades proteicas dos atletas (Venderley & Campbell, 2006). De acordo com a Academy of Nutrition and Dietetics, "dietas vegetarianas que atendem às necessidades energéticas e con-

ATENÇÃO NESTES CINCO

1. LATICÍNIOS, como leite, iogurte, queijo
2. OVOS
3. FEIJÕES E LENTILHAS
4. DERIVADOS DE SOJA, como o tofu
5. OLEAGINOSAS E SEMENTES

têm uma variedade de alimentos proteicos à base de vegetais, tais como derivados de soja, leguminosas, grãos, oleaginosas e sementes, podem fornecer proteína adequada sem o uso de alimentos especiais ou suplementos" (Craig & Mangels, 2009).

Quando falamos de proteína, estamos na verdade falando de aminoácidos. Eles são os blocos de construção que se combinam de diferentes maneiras, de modo a formar centenas de proteínas diferentes. Cada um deles desempenha papéis específicos no metabolismo e na composição muscular e é usado para reparar e reconstruir as fibras musculares que são danificadas durante a prática de exercícios. Oito deles não podem ser criados por nosso organismo, portanto, são chamados de "aminoácidos essenciais". Eles devem ser fornecidos pela dieta.

É a quantidade destes aminoácidos essenciais nos alimentos que determina quão útil a proteína é para o corpo. Algumas pessoas costumam falar sobre qual proteína é "melhor" para você, mas o que elas realmente querem dizer é que a proteína tem um perfil de aminoácidos essenciais mais parecido com as proteínas do corpo. Os alimentos que contêm níveis elevados de todos os aminoácidos essenciais são frequentemente considerados proteínas de "alta qualidade". Para vegetarianos, isso inclui laticínios, ovos e soja. Por outro lado, fontes vegetais como feijões, lentilhas, oleaginosas, sementes e grãos carecem de um ou mais aminoácidos essenciais, portanto, não são tão "completas" ou úteis isoladamente. Se você comeu, digamos, lentilhas e nada mais, você pode não ter consumido o suficiente do aminoácido metionina. Se for um atleta, isso vai limitar o seu crescimento muscular.

O principal argumento contra dietas vegetarianas é que as proteínas são inferiores ou menos biodisponíveis (menos disponível para o corpo). No entanto, a chave para uma dieta vegetariana saudável é consumir uma variedade de alimentos ricos em proteínas. Isso significa que a insuficiência de aminoácidos num alimento (por exemplo, metionina em lentilhas) é complementada pelas quantidades mais altas encontradas em outro (por exemplo, o arroz). Assim, o arroz com lentilhas proporcionaria metionina mais do que suficiente juntamente com todos os outros aminoácidos essenciais. Isso é chamado de "complementação proteica". Combinar o arroz com lentilhas, por exemplo, fornece um melhor complemento de aminoácidos necessários para formar novas proteínas no corpo do que comer apenas um dos dois. Você pode obter a complementação proteica combinando alimentos de duas ou mais das seguintes categorias:

Salteado de tofu e vegetais, p.143

1 **LEGUMINOSAS:** feijão, lentilha, ervilha
2 **GRÃOS:** pão, macarrão, arroz, aveia, cereais matinais, quinoa
3 **OLEAGINOSAS E SEMENTES:** amendoim, castanha de caju, amêndoa, semente de girassol, semente de gergelim, semente de abóbora
4 **LATICÍNIOS:** leite, queijo, iogurte, ovos
5 **DERIVADOS DE SOJA:** leite, iogurte, tofu, soja em grão, edamame, proteína texturizada

Não é preciso combinar proteínas na mesma refeição o tempo todo. Nossos corpos juntam os aminoácidos de que precisamos conforme os consumimos durante um período de 24 horas e os usamos de acordo com a necessidade (Young & Pellett, 1994). Isso significa que você não precisa se preocupar em combinar proteínas a cada refeição e lanche, desde que consuma proteína suficiente ao longo do dia e de uma grande variedade de fontes. No entanto, muitas combinações de alimentos acontecem naturalmente em certas refeições, incluindo os seguintes exemplos:

- Chilli vegetariano (leguminosas) com arroz (grão)
- Dhal (leguminosas) com chapatti (grão)
- Tofu (soja) refogado com macarrão (grão)
- Torrada (grão) com manteiga de amendoim (nozes)

Vegetarianos que consomem laticínios e ovos obviamente têm mais opções. Uma refeição que inclui leite, queijo, iogurte ou ovos conterá aminoácidos essenciais suficientes. Combiná-los com outra fonte de proteína aumentará o valor total da proteína. Veganos, no entanto, precisam se assegurar de consumir quantidades suficientes de proteínas vegetais, como feijões, lentilhas, oleaginosas, tofu e sementes.

DE QUANTO VOCÊ PRECISA?

As necessidades proteicas de atletas são maiores do que as da população em geral. Isso se deve à decomposição muscular induzida pelo exercício e à necessidade resultante de reparar células musculares danificadas (Rodriguez et al., 2009; Phillips et al., 2007; Campbell et al., 2007). Proteínas adicionais também são necessárias para garantir o ganho de massa muscular.

Para os não atletas, a dose diária recomendada (DDR) de proteínas é de 0,8 grama por quilo (g/kg) de peso corporal. Para atletas, a recomendação é entre 1,2-1,8g/kg de peso corporal, dependendo do tipo, intensidade e duração do treinamento; o consumo na extremidade superior deste intervalo (aproximadamente 1,6-1,8g/kg) é recomendado para atletas de força e potência (Phillips & Van Loon, 2011), e entradas na extremidade inferior (aproximadamente 1,2-1,4g/kg) para atletas de resistência. Para uma pessoa de setenta quilos isto se traduz entre 112-126g diários para treinamento de força e 84-98g diários para treinamento de resistência. Esta quantidade pode facilmente ser obtida com uma dieta vegetariana.

É possível obter isso comendo uma grande variedade de oleaginosas, sementes, feijões, lentilhas, laticínios, derivados de soja (tofu, tempeh), cereais (aveia, massa, arroz, painço e outros grãos), pão e quinoa, bem como ovos. Procure consumir cerca de 20g por refeição, incluindo pós-treino (ver p.46). Estudos realizados por pesquisadores da Universidade McMaster mostraram que esta é a quantidade ideal para estimular o crescimento e a recuperação muscular (Moore et al., 2009; Moore et al., 2012). Ao contrário da crença popular, não é difícil conseguir isso em uma dieta vegetariana. O segredo é incluir uma porção de feijões, grão-de-bico ou lentilha, mais uma porção de grãos ou oleaginosas. Todas as receitas de café da manhã e de prato principal na Parte 2 fornecem aproximadamente 20g de proteína por porção.

A tabela na página seguinte mostra o teor de proteínas de várias opções vegetarianas dentro de diferentes grupos de alimentos.

Sopa de lentilha vermelha e legumes, p.81

ALIMENTOS QUE FORNECEM 20g DE PROTEÍNA

- 3 ovos
- 600ml de leite (ou leite aromatizado)
- 27g de whey protein em pó
- 85g de queijo cheddar
- 450g de iogurte natural
- 250g de iogurte grego escorrido
- 1 lata (400g) de grão-de-bico ou feijão (equivalente a 250g de peso líquido)
- 100g de castanhas
- 170g de tofu

QUANTO DE PROTEÍNA?

ALIMENTOS	QUANTIDADE DE PROTEÍNA
LATICÍNIOS	
1 fatia (25g) de queijo cheddar	6g
1 fatia (25g) de muçarela	5g
2 c. de sopa (100g) de queijo cottage	12g
2 ovos	12g
1 xícara (aproximadamente 250ml) de leite (todos os tipos)	8g
1 pote pequeno (125g) de iogurte natural	6g
3 c. de sopa (150g) de iogurte grego desnatado	11g
3 c. de sopa (150g) de iogurte grego desnatado escorrido	15g
FEIJÕES E LENTILHAS	
4 c. de sopa cheias (200g) de edamame	22g
100g de tofu	13g
4 c. de sopa cheias (200g) de feijão cozido (75g de peso seco)	18g
4 c. de sopa cheias (200g) de lentilhas cozidas (75g de peso seco)	18g
OLEAGINOSAS E SEMENTES	
1 punhado pequeno (25g) de sementes de abóbora	7g
1 punhado pequeno (25g) de amêndoas	6g
1 punhado pequeno (25g) de amendoins	7g
1 punhado pequeno (25g) de castanhas de caju	5g
1 c. de sopa (25g) de manteiga de amendoim	7g
GRÃOS E "PSEUDOGRÃOS"	
4 c. de sopa (50g) de aveia (peso seco)	7g
5 c. de sopa (250g) de quinoa cozida (75g de peso seco)	11g
5 c. de sopa (250g) de massa cozida (75g de peso seco)	10g
5 c. de sopa (250g) de macarrão cozido (75g de peso seco)	6g
5 c. de sopa (250g) de arroz integral cozido (75g de peso seco)	7g
1 fatia de pão integral (40g)	4g
1 pão árabe integral (60g)	6g
VEGETAIS	
3 floretes (100g) de brócolis	4g
1 batata	3g
3 c. de sopa (100g) de espinafre	2g

ATLETAS VEGETARIANOS PRECISAM DE SUPLEMENTO?

Se você consome proteína suficiente em sua alimentação, então não há razão para tomar suplementos. Eles não vão melhorar seu desempenho, formar músculos maiores nem acelerar a recuperação destes. No entanto, se você acha difícil obter sua cota de proteína somente pelos alimentos, ou se você segue uma dieta vegana, suplementos de proteína são uma boa opção. Eles são práticos e podem facilitar a obtenção de sua cota diária de proteína. Muitos atletas utilizam os suplementos imediatamente após o exercício – estudos mostram que o consumo de 20g de proteína estimula a recuperação muscular (Moore et al., 2009), que você pode obter de uma colher de whey protein em pó. No entanto, essa mesma quantidade também está presente em 500ml de leite. Estudos mostram que beber leite após a prática de exercícios é tão eficaz quanto ingerir suplementos à base de whey protein (Cockburn et al., 2012). Se você prefere leite de amêndoa ou de arroz, então tenha em mente que estes possuem teores mais baixos de proteínas do que o leite de vaca ou o de soja. Experimente acrescentar uma colher de proteína vegana em pó no shake ou vitamina para aumentar a sua ingestão de proteínas. Estes suplementos contêm proteínas de ervilhas, arroz integral, soja ou cânhamo, ou uma mistura destas.

RECEITAS QUE FORNECEM 20g DE PROTEÍNA

- Curry de feijão-preto e vegetais com amêndoas, abaixo (p.103)
- Dhal de abóbora-manteiga e espinafre (p.108)
- Curry de batata-doce e grão-de-bico com castanha de caju (p.109)
- Lasanha de lentilha de Puy (p.113)
- Caçarola de lentilha, quinoa e feijão (p.116)
- Ensopado de feijões variados e lentilha com coentro fresco (p.116)
- Torta de lentilha vermelha (Shepherd's Pie) (p.128)
- Bolonhesa com quinoa e lentilha (p.129)

CREATINA

O SUPLEMENTO DE CREATINA É MAIS INDICADO PARA VEGETARIANOS DO QUE PARA COMEDORES DE CARNE?

Como vegetarianos têm níveis mais baixos de creatina em seus músculos do que quem consome carne (a creatina é encontrada apenas na carne e no peixe), a suplementação é recomendada. Os suplementos de creatina aumentam os níveis musculares de fosfocreatina, um composto feito a partir de creatina e fósforo que fornece energia aos músculos durante exercícios de alta intensidade, como *sprint* ou levantamento de peso. Em um estudo, os atletas vegetarianos que tomaram suplementos de creatina durante oito semanas enquanto seguiam um programa de treinamento de resistência experimentaram um aumento significativo na fosfocreatina, na massa muscular e melhor desempenho nos exercícios do que aqueles que tomaram placebo, o que sugere que os vegetarianos são mais responsivos à creatina (Burke et al., 2003). Em geral, a creatina ajuda a promover o crescimento muscular, aumenta a massa muscular e melhora a força e a potência, a capacidade de realizar múltiplas séries de exercícios de alta intensidade, o desempenho durante exercícios de alta intensidade e a recuperação após exercícios de resistência (Cooper et al., 2012). A maneira mais rápida de aumentar sua reserva de creatina é "recarregá-la" com 0,3g/kg de peso corporal durante cinco a sete dias. Isso representa 20g/dia para uma pessoa de setenta quilos. Tome esta quantidade em quatro doses iguais ao longo do dia, ou seja, 4 × 5g. Outra opção é "recarregar" com uma dose menor de 2-3g/dia ao longo de três a quatro semanas. Após a fase de recarga pode-se mudar para uma dose de manutenção diária de 0,03g/kg de peso corporal, ou 2g/dia para uma pessoa de setenta quilos.

FERRO

O ferro é um nutriente essencial, o que significa que seu corpo não é capaz de fabricá-lo e que deve ser fornecido pela dieta. É necessário para:

- Produção de hemoglobina, a proteína transportadora de oxigênio nos glóbulos vermelhos.
- Produção de mioglobina, a proteína que transporta e armazena oxigênio em suas células musculares.
- Produção de energia aeróbica (o "sistema de transporte de elétrons" que controla a liberação de energia das células).
- Um sistema imunológico saudável.

Aveia madrugadora com mirtilo, p.59

Todos os atletas, vegetarianos ou não, correm maior risco de desenvolver deficiência de ferro em comparação com não atletas. Isso ocorre porque o treinamento aeróbico aumenta a produção de glóbulos vermelhos, o que por sua vez aumenta as necessidades de ferro. Ao mesmo tempo, pode-se perder ferro através do suor, de hemorragia gastrointestinal (que às vezes ocorre durante exercícios extenuantes) e devido a hemólise por impacto (destruição dos glóbulos vermelhos causada pelo impacto repetitivo do pé em superfícies duras). As mulheres, em geral, são mais suscetíveis que os homens à deficiência de ferro devido à menstruação.

Estima-se que 30% das atletas do sexo feminino, embora não anêmicas, apresentem deficiência de ferro. Isso é chamado de "deficiência de ferro não anêmica", ou "deficiência de ferro latente". A deficiência de ferro pode reduzir a quantidade de oxigênio entregue aos músculos durante o exercício, bem como a quantidade de energia gerada nas células musculares. Ela reduz o consumo máximo de oxigênio (VO$_2$ max), a capacidade de resistência e o desempenho. Portanto, é essencial obter a quantidade necessária de ferro e evitar a deficiência. O American College of Sports Medicine afirma que a deficiência de ferro pode ter efeitos negativos sobre o desempenho nos exercícios, bem como sobre a saúde óssea (Rodriguez et al., 2009).

Em tese, vegetarianos têm maior risco de apresentar deficiência de ferro porque não comem carne nem peixe. Estes alimentos

---

ATENÇÃO NESTES CINCO

1. GRÃOS INTEGRAIS E "PSEUDOGRÃOS": aveia, arroz integral, trigo bulgur, massa integral, cuscuz, pão, cevada, o pseudogrão quinoa (que tecnicamente é uma semente, ver p.105) e cereais fortificados de café da manhã

2. OLEAGINOSAS E SEMENTES: castanhas de caju, amêndoas, nozes-pecã, nozes e amendoins; sementes de abóbora, gergelim e girassol

3. LEGUMINOSAS: feijões, lentilhas e tofu

4. FOLHAS VERDES: brócolis, repolho, couve-toscana (uma de folhas bem escuras), acelga, couve, agrião e espinafre

5. FRUTAS SECAS: damascos, figos e ameixas

contêm ferro heme, que o corpo absorve com mais facilidade do que o ferro não heme presente em vegetais (cereais integrais, feijões, lentilhas, folhas verdes, damascos secos, oleaginosas e sementes) e na gema do ovo. Embora o corpo absorva apenas cerca de 10% do ferro presente nos alimentos, esse percentual é consideravelmente menor (tipicamente três vezes menos) em alimentos vegetais em comparação com a carne.

Mas não se desespere! Há evidências de que o corpo se adapta ao longo do tempo, aumentando a porcentagem de ferro que absorve dos alimentos. Assim, se sua dieta contiver somente quantidades pequenas de ferro não heme, uma porcentagem mais elevada dele será absorvida. Além disso, o corpo ajusta a absorção de ferro de acordo com as necessidades. Por exemplo, se suas reservas de ferro decaem, o corpo absorve mais para reabastecê-las; da mesma forma, quando as reservas estão "cheias", então o corpo absorve menos.

Estudos sugerem que, embora os vegetarianos tenham reservas de ferro ligeiramente mais baixas do que os não vegetarianos, a anemia por deficiência de ferro não é mais comum entre vegetarianos do que entre aqueles que comem carne (Ball e Bartlett, 1999; Alexander et al., 1998; Janelle & Barr, 1995). De acordo com uma revisão de estudos realizada pela Academy of Nutrition and Dietetics, os níveis de ferro e hemoglobina estão bem situados no intervalo normal (Craig et al., 2009). Os pesquisadores descobriram que os níveis de hemoglobina no sangue e o desempenho na corrida são muito semelhantes entre as mulheres não vegetarianas e vegetarianas (Snyder, 1989; Seiler, 1989). Embora essas estatísticas possam ser tranquilizadoras, não seja complacente com o ferro – você ainda precisa se certificar de consumir o suficiente!

SINTOMAS DE DEFICIÊNCIA

Os sintomas de deficiência de ferro estão associados à diminuição do fornecimento de oxigênio aos tecidos. Eles incluem cansaço, fadiga crônica, palidez, dores de cabeça, tonturas, perda de fôlego além do normal durante o exercício e palpitações, lesões frequentes, perda de resistência e de potência, perda de apetite e perda de interesse no treinamento. O ferro também desempenha um papel importante no sistema imunológico, de modo que pessoas com níveis baixos de ferro são mais suscetíveis a infecções.

Os primeiros sintomas de deficiência de ferro, como cansaço e fadiga, são fáceis de passarem despercebidos, e não se tornam perceptíveis até que as reservas fiquem significativamente baixas. Quando isso acontece, o organismo fabrica glóbulos vermelhos menores, com menos hemoglobina. Isso prejudica a capacidade de transporte de oxigênio pelo corpo e certamente afetará seu desempenho. Se você estiver em dúvida sobre sua ingestão de ferro ou se apresenta algum dos sintomas de deficiência listados acima, fale com o seu médico. Um exame de sangue simples pode determinar o seu status de ferro.

OS 3 ESTÁGIOS DA DEFICIÊNCIA DE FERRO

1 **Depleção das reservas** – quando os níveis séricos de ferritina caem abaixo de 18 nanogramas por mililitro (ng/ml)

2 **Deficiência funcional precoce** – quando a formação de glóbulos vermelhos começa a ficar comprometida, mas já é suficiente para causar anemia

3 **Anemia por deficiência de ferro** – quando os níveis de hemoglobina caem abaixo de 13g/100ml em homens e abaixo de 12g/100ml em mulheres; níveis de ferritina abaixo de 12ng/ml

DE QUANTO VOCÊ PRECISA?

O consumo recomendado pelo governo britânico é de 8,7mg/dia para homens; 14,8mg/dia para mulheres de dezenove a cinquenta anos; e 8,7mg/dia para mulheres com mais de cinquenta anos. Não há recomendação oficial para atletas ou vegetarianos, mas imagina-se que a necessidade de ferro seja de 30 a 70% maior (Rodriguez et al., 2009). A tabela na p.34 mostra o teor de ferro dos alimentos vegetarianos mais populares.

COMO AUMENTAR A ABSORÇÃO DE FERRO

Felizmente, existem quatro maneiras de aumentar a absorção de ferro não heme presente nos alimentos:

1 COMA SEMPRE ALIMENTOS RICOS EM VITAMINA C, como pimentões vermelhos, brócolis, espinafre, tomates, laranjas, frutas vermelhas (morangos, framboesas, mirtilos, amoras) ou kiwi junto com alimentos ricos em ferro – isso aumenta bastante a absorção do ferro. Por exemplo, misture um punhado de espinafre em um dhal de lentilhas, acrescente brócolis a um refogado de tofu, ou tomates e pimentões a um ensopado de feijão, ou misture um punhado de frutas vermelhas ao seu mingau ou muesli.

2 INCLUA FRUTAS E LEGUMES EM TODAS AS REFEIÇÕES – o ácido cítrico, encontrado naturalmente em frutas e legumes, também favorece a absorção do ferro. Todas as receitas deste livro incluem vegetais, que vão aumentar a absorção de ferro da refeição. Se escolher um queijo quente no pão integral, por exemplo, então coma também alguma fruta fresca. Se você optar por feijões com torrada integral (ambas boas fontes de ferro), acompanhe com uma salada de folhas ou uma ou duas tangerinas.

3 EVITE BEBER CAFÉ OU CHÁ COM A SUA REFEIÇÃO – eles contêm taninos, que reduzem a absorção de ferro. Espere pelo menos uma hora após a refeição para consumi-los.

4 EVITE CEREAIS MATINAIS COM ADIÇÃO DE FARELO – o farelo contém altos níveis de fitato, que inibe a absorção de ferro.

ATLETAS VEGETARIANOS PRECISAM DE SUPLEMENTO?

O consenso publicado em 2009 pela American Dietary Association e o American College of Sports Medicine afirma que todos os atletas – vegetarianos ou consumidores de carne – devem fazer exames regulares para analisar os percentuais de ferro (Rodriguez et al., 2009).

Se for diagnosticada deficiência de ferro, seu médico recomendará suplementos. Eles podem ser encontrados na forma de líquido ou comprimidos. A quantidade habitualmente recomendada é de 60-100mg por dia, sob a forma de sulfato de ferro, durante três meses, embora as doses dependam de sexo, peso e nível de ferro.

No entanto, se você não apresenta deficiência, não deve tomar suplemento – eles não vão aumentar seu desempenho e podem fazer mais mal do que bem. Suplementos com mais de 50-60mg de ferro podem causar constipação e desconforto no estômago.

> ### COMO DIAGNOSTICAR A DEFICIÊNCIA DE FERRO?
>
> A deficiência de ferro em atletas geralmente é diagnosticada medindo-se a ferritina (uma proteína no sangue que armazena o ferro), o que dá uma indicação bastante precisa das reservas de ferro no organismo. Seu médico também pode medir níveis de ferro, de hemoglobina (a proteína contendo ferro nas células vermelhas do sangue que transporta oxigênio pelo corpo) e hematócritos (a porcentagem de volume de glóbulos vermelhos no sangue). Os níveis médios de ferritina são entre 12-300ng/ml para homens e 12-150ng/ml para mulheres. Atletas podem começar a apresentar sintomas de deficiência de ferro (fadiga, redução do desempenho etc.) quando a ferritina cai abaixo de 30ng/ml. A anemia por deficiência de ferro é definida por níveis de hemoglobina inferiores a 13g/100ml em homens e inferiores a 12g/100ml em mulheres. Uma vez que reservas baixas de ferro levam de três a seis meses para serem recompostas, o diagnóstico precoce pode ajudar a evitar problemas de treinamento e desempenho.

QUANTO DE FERRO?

ALIMENTOS	QUANTIDADE DE FERRO
5 c. de sopa cheias (250g) de quinoa cozida (75g de peso seco)	5,9mg
4 c. de sopa cheias (200g) de feijão cozido (75g de peso seco)	5,0mg
4 c. de sopa cheias (200g) de lentilhas cozidas (75g de peso seco)	4,8mg
4 c. de sopa cheias (200g) de grãos-de-bico cozidos (75g de peso seco)	4,2mg
4 figos secos (100g)	3,9mg
100g de tofu	3,5mg
5 c. de sopa cheias (250g) de massa integral cozida (75g de peso seco)	3,5mg
8 damascos secos (100g)	3,4mg
Feijão cozido (½ lata; 200g)	2,8mg
1 c. de sopa (25g) de tahine	2,7mg
1 punhado pequeno (25g) de sementes de abóbora	2,5mg
3 c. de sopa (100g) de espinafre	2,1mg
50g de aveia	2,0mg
2 fatias de pão integral (80g)	1,9mg
50g de muesli	1,8mg
3 c. de sopa (100g) de brócolis	1,7mg
2 ovos	1,7mg
3 c. de sopa (100g) de couve	1,7mg
1 punhado pequeno (25g) de castanhas de caju	1,6mg
5 c. de sopa cheias (250g) de arroz integral cozido (75g de peso seco)	1,3mg
3 c. de sopa (100g) de couve-lombarda	1,1mg

DIFERENÇA ENTRE ANEMIA
E ANEMIA ESPORTIVA

Às vezes pode ser difícil avaliar os níveis de ferro em um único exame de sangue, visto que a prática intensa de exercícios aumenta o volume de plasma no sangue, diluindo os níveis de hemoglobina. Este aumento às vezes sugere, incorretamente, que há uma deficiência. Isso é chamado de "anemia esportiva" – simplesmente uma consequência do treino de resistência –, diferente da anemia ferropriva. Ela não requer nenhum tratamento, pois geralmente é encontrada em pessoas que estão nos estágios iniciais de um programa de treinamento.

ÁCIDOS GRAXOS ÔMEGA-3

Os ácidos graxos ômega-3 são importantes para o funcionamento normal dos vasos sanguíneos, otimizando o fornecimento de oxigênio aos músculos e melhorando a capacidade aeróbica e a resistência. Eles também ajudam a acelerar a recuperação e reduzir a inflamação e rigidez articular.

Eles fazem parte da estrutura das membranas de todas as células, incluindo os glóbulos vermelhos. Uma alta ingestão de ômega-3 ajuda a tornar estes glóbulos vermelhos mais flexíveis, fazendo-os moverem-se mais facilmente através dos vasos capilares e assim fornecer oxigênio de forma mais eficiente para os músculos. Os ômega-3 também são necessários para o bom funcionamento do cérebro, regulando hormônios, para o sistema imunológico e para o fluxo sanguíneo. Eles também ajudam a proteger contra doenças cardíacas e acidentes vasculares cerebrais, e também podem colaborar para o melhor funcionamento cerebral, prevenir o Alzheimer, tratar a depressão e melhorar o comportamento de crianças com dislexia, dispraxia e TDAH. Existem três tipos principais de ácidos graxos ômega-3:

1 **ÁCIDO EICOSAPENTAENOICO (EPA)** – encontrado em peixes oleosos
2 **ÁCIDO DOCOSA-HEXAENOICO (DHA)** – encontrado em peixes oleosos
3 **ÁCIDO ALFA-LINOLÊNICO (ALA)** – encontrado em vegetais como nozes, óleo de colza, sementes de abóbora e óleo de linhaça.

ATENÇÃO NESTES CINCO

1 OLEAGINOSAS, especialmente NOZES
2 ÓLEO DE COLZA
3 SEMENTES, especialmente de ABÓBORA, LINHAÇA E CHIA
4 ÓLEO DE LINHAÇA
5 VEGETAIS DE FOLHAS VERDE-ESCURAS

No corpo, o ALA é convertido em EPA e DHA, os dois tipos de ácidos graxos ômega-3 que podem ser mais facilmente manipulados e utilizados pelo corpo. No entanto, esse processo não é muito eficiente – o corpo só pode converter em EPA cerca de 5-10% do ALA que você come e 2-5% em DHA. Assim, a menos que você inclua alimentos ricos em ALA com abundância em sua dieta, é fácil vegetarianos apresentarem deficiência de EPA e DHA. De fato, estudos mostraram que vegetarianos têm níveis mais baixos de DHA e EPA no sangue do que não vegetarianos (Welch et al., 2010). A tabela na p.37 mostra o teor de ácidos graxos ômega-3 de vários alimentos vegetarianos.

Acima: *Salada morna de lentilha com espinafre baby e nozes, p.93*
À esquerda: *Superbarras flapjack, p.175*

ÁCIDOS GRAXOS ÔMEGA-3 **35**

Mas, além de se certificar de que está ingerindo ALA suficiente, é preciso ter certeza também de não consumir ômega-6 (ácido linoleico ou LA) em excesso, uma vez que uma alta ingestão de ômega-6 interfere no processo de conversão de ALA em EPA e DHA. Os ômega-6 são encontrados em óleos vegetais, como os de girassol, cártamo, milho e soja, e na maioria das misturas tipicamente rotuladas como "óleos vegetais". Tanto o ômega-6 quanto o ômega-3 competem pelas mesmas enzimas de conversão, portanto, ingerir ômega-6 em excesso significa que as enzimas não serão capazes de converter ALA em EPA e DHA. Isso pode resultar em um desequilíbrio de prostaglandinas, compostos químicos similares a hormônios responsáveis por regular a coagulação do sangue, a inflamação e o sistema imunológico. Ao longo do tempo, uma alta proporção de ômega-6 em relação ao ômega-3 pode aumentar a inflamação no organismo, o que, acredita-se, é um fator subjacente em doenças crônicas, como as cardiovasculares, a artrite reumatoide e o câncer. Deve-se procurar atingir uma proporção de LA para ALA de cerca de 4:1, ou ligeiramente inferior. Minimize o uso de óleos ricos em ômega-6 (ou seja, milho, soja, cártamo, girassol e a maioria das misturas de óleos vegetais). Em vez disso, utilize óleos com baixo teor de ômega-6 (isto é, azeite de oliva e óleo de colza), que não perturbam a formação de EPA e DHA.

Hambúrguer de nozes, p.130

DE QUANTO VOCÊ PRECISA?

Não há recomendação oficial quanto à ingestão de ômega-3, mas a Vegetarian Society recomenda uma ingestão de ALA de 1,5% de energia, ou cerca de 4g por dia. Este montante prevê a baixa taxa de conversão de ALA para EPA e DHA. Você pode obter isso de:

- 1½ colher (chá) de óleo de linhaça
- 2½ colheres de sopa de sementes de linhaça
- 1¼ de colher de sopa de sementes de chia
- 3 colheres de sopa de óleo de colza
- 1 punhado (40g) de nozes

ATLETAS VEGETARIANOS PRECISAM DE SUPLEMENTO?

É uma boa ideia tomar suplementos se você não tem acesso a fontes de ômega-3 regularmente. Opte por suplementos feitos a partir de óleo de algas – são melhores do que aqueles feitos de óleo de linhaça, pois contêm altos níveis dos ácidos graxos ômega-3 DHA e EPA em vez de ALA.

A alta concentração de ômega-3 encontrada nos peixes oleosos se deve às algas que eles consomem, que produzem os óleos.

QUANTO DE ÔMEGA-3?

ALIMENTOS	QUANTIDADE DE ÔMEGA-3
1 c. de sopa de óleo de linhaça	7,2g
1 c. de sopa de sementes de chia	3,0g
1 punhado pequeno (25g) de nozes	2,5g
1 c. de sopa de óleo de cânhamo	2,1g
1 punhado pequeno (25g) de sementes de abóbora	2,1g
1 c. de sopa de sementes de linhaça (moídas)	1,6g
1 c. de sopa de óleo de colza	1,3g
1 c. de sopa de óleo de soja	0,8g
Tofu	0,6g
1 cápsula de suplemento vegetariano ômega-3 (óleo de linhaça)	0,6g
2 cápsulas de suplemento vegetariano ômega-3 (óleo de algas)	0,3g*
2 ovos ômega-3**	0,3g
3 c. de sopa (100g) de brócolis	0,2g
3 c. de sopa (100g) de espinafre	0,2g
3 c. de sopa (100g) de couve	0,2g

* DHA e EPA, que são mais potentes do que o ALA

** Ovos ômega-3 são de galinhas alimentadas com uma dieta rica em ômega-3

VITAMINA B12

A vitamina B12 é necessária para a produção de glóbulos vermelhos e para o bom funcionamento do sistema nervoso. Ela também reage com o ácido fólico e a vitamina B6 para controlar os níveis de homocisteína. Níveis elevados de homocisteína estão associados a um risco maior de doença cardíaca. O consumo insuficiente pode resultar em fadiga, depressão e anemia (desenvolvimento anormal de glóbulos vermelhos e falta de ar) e danos nos nervos.

Ela é fabricada por microorganismos, de forma que as únicas fontes de vitamina B12 são de origem animal (carne, laticínios e ovos). Os vegetarianos podem obter sua cota diária de ovos e laticínios, mas os veganos terão que confiar em alimentos enriquecidos: leites não lácteos (como os de soja, amêndoa e de coco), extrato ou flocos de levedura, iogurte e queijo de soja, hambúrgueres de soja e cereais matinais, ou tomar suplementos que fornecem B12. Nem todos os leites não lácteos são fortificados com B12, portanto verifique a lista de ingredientes no rótulo. Alimentos fermentados como tempeh e missô, cogumelos shiitake e algas (marinhas ou não) contêm substâncias quimicamente semelhantes, mas que não agem no corpo da mesma forma que a vitamina B12.

ATENÇÃO NESTES CINCO

1 LATICÍNIOS – leite, iogurte e queijo
2 OVOS
3 LEITES NÃO LÁCTEOS FORTIFICADOS
4 EXTRATO DE LEVEDURA FORTIFICADO
5 CEREAIS MATINAIS FORTIFICADOS

38 MAXIMIZANDO SEU DESEMPENHO SEM CARNE

DE QUANTO VOCÊ PRECISA?

Adultos precisam de 1,5 micrograma (mcg) de B12 diariamente. Você pode obter esse valor de:

- ¾ de xícara (160ml) de leite
- 1 ovo grande
- 500g de iogurte
- 2 xícaras (400ml) de leite não lácteo
- 2 ½ porções (10g) de extrato de levedura fortificado
- 2 tigelas (75g) de flocos de farelo fortificado

ATLETAS VEGETARIANOS PRECISAM DE SUPLEMENTO?

Se você consome laticínios e ovos, não há necessidade de tomar suplementos, mas, para veganos, a Vegetarian Society e a Vegan Society recomendam um suplemento multivitamínico e mineral que forneça 10mcg de B12. Embora isso seja consideravelmente mais do que o consumo recomendado oficialmente, apenas uma pequena porcentagem é absorvida – 10mcg em forma de suplemento equivalem a cerca de 1mcg vindo da alimentação.

QUANTO DE VITAMINA B12?

ALIMENTOS	QUANTIDADE DE VITAMINA B12
1 xícara (200ml) de leite semidesnatado	1,9mcg
1 ovo	1,4mcg
1 pote (125g) de iogurte desnatado	0,4mcg
1 fatia (25g) de queijo cheddar	0,6mcg
1 xícara (200ml) de leite de amêndoa fortificado	0,8mcg
1 xícara (200ml) de leite de soja fortificado	0,8mcg
1 xícara (200ml) de leite de coco fortificado	0,8mcg
1 pote (125g) de iogurte de soja fortificado	0,5mcg
1 porção (4g) de extrato de levedura	0,6mcg
1 tigela pequena (30g) de flocos de farelo fortificado	0,6mcg
1 hambúrguer de soja (75g)	0,8mcg

CÁLCIO

O cálcio é necessário para ossos e dentes fortes e saudáveis. Também ajuda na coagulação do sangue e nas funções nervosa e muscular. A baixa ingestão ao longo do tempo pode resultar em ossos fracos, aumento do risco de fraturas por estresse e ossos frágeis (osteoporose). Obter quantidades suficientes de cálcio pode ser mais difícil se você não consome leite ou laticínios, visto que esses alimentos são ricos em cálcio. Além disso, estas são formas em que ele é particularmente bem absorvido pelo corpo, em comparação com alimentos vegetais. Na verdade, pesquisas mostram que veganos consomem menos cálcio do que as pessoas que incluem laticínios na dieta.

Fontes veganas incluem leites fortificados não lácteos (por exemplo, de soja, amêndoa e coco), tofu, amêndoas, figos secos, vegetais verde-escuros, feijões, lentilhas, chia e gergelim. Brócolis, couve, couve-toscana e agrião são boas opções para os veganos, pois não só fornecem boas quantidades de cálcio, mas também de vitamina K, potássio e magnésio, que contribuem para a saúde óssea.

ATENÇÃO NESTES CINCO

1. LATICÍNIOS – leite, iogurte e queijo
2. TOFU
3. LEITES FORTIFICADOS NÃO LÁCTEOS
4. FIGOS
5. FEIJÃO-VERMELHO

DE QUANTO VOCÊ PRECISA?

A ingestão recomendada para adultos é de 700mg por dia, que pode ser obtida com três porções de laticínios.

ATLETAS VEGETARIANOS PRECISAM DE SUPLEMENTO?

Procure complementar sua dieta com até 800mg por dia, caso não consuma muitos alimentos ricos em cálcio. Lembre-se: tomar mais do que a dose diária recomendada de cálcio pode levar a problemas cardíacos e cálculos renais, e interferir na absorção de outros minerais, como ferro e magnésio.

QUANTO DE CÁLCIO?

ALIMENTOS	QUANTIDADE DE CÁLCIO
100g de tofu	510mg
1 xícara (200ml) de leite semidesnatado	240mg
1 xícara (200ml) de leite de soja ou amêndoa fortificado	240mg
4 figos secos (100g)	230mg
1 pote (125g) de iogurte desnatado	200mg
1 fatia (25g) de queijo cheddar	185mg
4 c. de sopa cheias (200g) de feijões-vermelhos cozidos (75g de peso seco)	140mg
3 c. de sopa (100g) de couve	130mg
4 c. de sopa (200g) de grão-de-bico cozido	86mg
1 punhado pequeno (25g) de amêndoas	60mg
2-3 floretes (80g) de brócolis	56mg

VITAMINA D

Durante muitos anos, acreditou-se que o principal benefício da vitamina D era nos ajudar a absorver o cálcio contido nos alimentos e manter nossos ossos fortes e saudáveis. No entanto, hoje sabemos que ela desempenha muitos outros papéis no organismo, incluindo:

- Função muscular
- Apoio à saúde do sistema imunológico, ao cérebro e ao sistema nervoso
- Regulação dos níveis de insulina
- Auxílio à função pulmonar e à saúde cardiovascular
- Influência na expressão dos genes envolvidos no desenvolvimento do câncer

Foram encontrados receptores de vitamina D em quase todos os tecidos do corpo. Isso significa que ela age dentro dessas células, afetando um grande número de sistemas corporais. Ela também é necessária para um bom desempenho e boa função imunológica. Níveis baixos podem reduzir a função muscular e a força, e também podem aumentar o risco de lesões e doenças. Níveis baixos foram associados a redução no desempenho, enquanto níveis altos podem melhorá-lo. De acordo com um estudo, até 62% dos atletas britânicos têm níveis insuficientes ou deficientes de vitamina D sérica, definidos como menos de 50ng/ml (Close et al., 2013).

Acredita-se também que a vitamina D pode proteger contra várias doenças crônicas, incluindo doenças cardíacas, demência, câncer colorretal e diabetes tipo 2, embora a conexão exata ainda não esteja clara.

Cerca de 90% de nossa vitamina D vem da exposição à radiação ultravioleta B (UVB). Os níveis sanguíneos normalmente caem durante os meses de inverno, quando a luz solar não tem radiação UVB suficiente. De setembro a fevereiro no hemisfério sul é possível obter toda a vitamina D necessária com quinze minutos de exposição solar por dia no rosto e braços.

ATENÇÃO NESTES CINCO

1 OVOS
2 LEITES NÃO LÁCTEOS FORTIFICADOS
3 PASTAS FORTIFICADAS
4 CEREAIS MATINAIS FORTIFICADOS
5 IOGURTE NÃO LÁCTEO FORTIFICADO

Há relativamente poucas fontes vegetarianas desta vitamina. Elas incluem gema de ovo, cogumelos expostos ao sol e alimentos fortificados, como margarina, leites não lácteos e cereais matinais. De forma similar à nossa pele, os cogumelos têm a capacidade de produzir vitamina D quando expostos à radiação ultravioleta, mesmo depois de terem sido colhidos. Você pode fazer isso em casa: basta colocar os cogumelos em um prato ou travessa e deixá-los em um local ensolarado por cerca de meia hora. Você vai aumentar muito o conteúdo de vitamina D deles.

DE QUANTO VOCÊ PRECISA?

Não há recomendação dietética oficial no Reino Unido, mas a União Europeia (UE) aconselha o consumo de 5mcg ou 200UI (unidades internacionais) por dia. Essa quantidade está presente em três ovos ou três xícaras de leite de soja.

ATLETAS VEGETARIANOS PRECISAM DE SUPLEMENTO?

Suplementos podem ser uma boa saída durante os meses de inverno, quando os níveis de vitamina D tendem a baixar. O National Institute of Health and Clinical Excellence (Nice) aconselha o consumo de 10mcg (400UI) de vitamina D por dia para menores de cinco anos, pessoas com mais de 65 anos e aqueles que têm baixa ou nenhuma exposição ao sol.

QUANTO DE VITAMINA D?

ALIMENTOS	QUANTIDADE DE VITAMINA D
2 ovos	3,2mcg
1 xícara (200ml) de leite de soja ou outro leite não lácteo (fortificado)	1,5mcg
1 tigela pequena (30g) de flocos de farelo (fortificado)	1,3mcg
1 pote (125g) de iogurte de soja (fortificado)	0,9mcg
1 porção (10g) de azeite de oliva, óleo de girassol ou de soja (fortificado)	0,8mcg
1 fatia (25g) de queijo	0,1mcg
1 porção (10g) de manteiga	0,1mcg

COMO MAXIMIZAR SEU DESEMPENHO SEM CARNE

Seguir uma dieta saudável com quantidades adequadas de energia, carboidratos, proteínas, vitaminas e minerais é fundamental para ter o desempenho ideal. Agora que você sabe em quais nutrientes e alimentos precisa se concentrar, o próximo passo é planejar sua dieta em torno de seu programa de exercícios. O que e quanto você come antes e depois dos treinamentos pode fazer uma grande diferença em como você se sente e também para a sua resistência, força e potência. Escolher os alimentos errados, comer muito ou muito pouco, ou no momento errado, pode afetar o seu desempenho e deixá-lo com fome, desconfortável ou indisposto. Comer os alimentos certos na hora certa garante que você será capaz de apresentar sua melhor performance.

NUTRIÇÃO PRÉ-EXERCÍCIO

O tempo ideal para uma refeição pré-exercício é de duas a quatro horas antes, porque é cedo o suficiente para a comida ser digerida, mas tarde o suficiente para que essa energia não seja usada até o momento em que você começar a se exercitar. Em um estudo realizado na Universidade da Carolina do Norte, os atletas que comiam três horas antes da corrida eram capazes de se exercitar por mais tempo do que aqueles que comiam seis horas antes (Maffucci & McMurray, 2000).

Comer uma refeição pouco antes do treino pode fazer você se sentir desconfortável, "pesado" e enjoado, porque o suprimento de sangue é desviado do estômago e dos órgãos digestivos para os músculos, para fornecer a energia necessária para o trabalho muscular. É por isso que as cólicas e dores de estômago são as queixas mais comuns quando se tenta correr de barriga cheia. O corpo não é projetado para digerir uma grande refeição e praticar exercício ao mesmo tempo!

Por outro lado, um intervalo muito longo significa que você pode sentir fome, cansaço e falta de energia durante o exercício. Quanto mais próximo do treino você fizer sua refeição, menor ela deve ser. Se você tiver apenas duas horas antes de seu treino, então faça uma pequena refeição de 300-400 calorias. Sem tempo para uma refeição? Faça um pequeno lanche (por exemplo, bananas, iogurte natural ou mingau) ou tome uma vitamina, com trinta a sessenta minutos de antecedência. É um mito que comer durante a hora que precede o exercício resulta em baixos níveis de açúcar no sangue, ou hipoglicemia (Jeukendrup & Killer, 2010). Se tem oportunidade de comer quatro horas antes de seu treino, então você provavelmente pode fazer uma refeição maior, de 600-800 calorias, ou aproximadamente

10 calorias/kg de peso corporal. Você deve se sentir confortável no início do treino, nem com fome nem com a barriga cheia.

Na prática, o momento exato de sua refeição pré-exercício provavelmente vai depender de circunstâncias como trabalho, viagens e o horário das sessões. Procure planejar suas refeições da melhor forma possível em torno desses compromissos. Por exemplo, se você se exercita às 19h, organize-se para comer um almoço substancial, seguido de uma pequena refeição (300-400 calorias) às 17h. Se você preferir treinar às 17h, então faça sua refeição pré-exercício (almoço) às 13h, seguida de um lanche de 100-300 calorias entre trinta e sessenta minutos antes do treino, se você estiver com fome.

Se você treina cedo pela manhã, fazer uma refeição ou lanche rica em carboidratos uma hora antes de sair de casa vai aumentar sua resistência e melhorar seu desempenho. Experimente mingau, torradas, cereais integrais ou uma banana. Beba alguma coisa sempre – água é a melhor escolha. Você terá perdido muito líquido durante a noite e precisa se reidratar antes da prática. Se você não consegue ingerir alimentos sólidos tão cedo, uma vitamina ou suco de frutas (diluído com água, meio a meio) fornecem energia para abastecer os músculos durante o treinamento. Insista – em breve você vai se acostumar com a sensação de comida e bebida no seu estômago pela manhã e descobrir que será capaz de treinar com mais intensidade e por mais tempo. Outra opção é fazer uma ceia mais substancial na véspera, e então ingerir uma bebida bem cedo antes de sua sessão.

Cerca de 60 a 80% das calorias em sua refeição pré-exercício ou lanche devem ser compostas de carboidratos. Eles vão ajudar a manter os níveis de açúcar no sangue durante o treino e colaboram para o bom desempenho. De fato, muitos estudos mostraram que consumir uma dieta rica em carboidratos antes dos exercícios melhora a resistência e o desempenho. Inversamente, uma ingestão inadequada de carboidratos resulta em baixas reservas musculares e diminuição da resistência.

Você também deve incluir algumas proteínas (como queijo, ovo, leite, iogurte, feijão, lentilhas ou oleaginosas) na sua refeição pré-treino. Isto vai proporcionar uma elevação gradual e equilibrada do nível de açúcar no sangue, assim como ajudará a reduzir a fadiga muscular durante o exercício, o que melhora o desempenho. Evite alimentos fritos ou ricos em gordura, porque atrasam a digestão e podem fazer você sentir desconforto durante o treinamento.

Acima: *Tagine de grão-de-bico e vegetais com cuscuz, p.114*
Ao lado: *Barras de frutas e castanhas, p.176*

REFEIÇÕES PRÉ-TREINO

- Batata recheada com queijo ou feijão cozido e salada
- Massa com molho de tomate e vegetais, queijo; e mais vegetais
- Mingau com bananas e passas
- Caçarola de lentilha, quinoa e feijão (p.116)
- Tagine de grão-de-bico e vegetais com cuscuz (p.114)
- Pilaf de lentilha e arroz (p.104)
- Macarrão oriental com tofu (p.141)
- Feijão-manteiga com abóbora-manteiga e espinafre (p.100)

LANCHES PRÉ-TREINO

Se você não tem tempo para uma refeição, faça um lanche trinta minutos antes do treino e beba um copo d'água.

- Bananas
- Um punhado de frutas secas e nozes
- Uma vitamina
- Torrada de abacate (p.194)
- Barras de frutas e castanhas (p.176)
- Barras energéticas cruas de chocolate (p.170)
- Superbarras flapjack (p.175)
- Barras de tâmara e castanha de caju (p.171)

44 MAXIMIZANDO SEU DESEMPENHO SEM CARNE

Devo me exercitar de estômago vazio para perder peso?

A teoria por trás disso é que, ao não comer antes do treino – e se exercitar com níveis mais baixos de glicose no sangue –, os músculos são forçados a queimar proporcionalmente mais calorias provenientes de gordura e menos de carboidratos. Embora isso seja verdade até certo ponto, não significa que você vai perder peso mais rápido. Praticar exercícios com baixos níveis de glicose no sangue pode induzir à fadiga precoce, o que resulta em uma baixa queima global de calorias. Além disso, pular uma refeição ou lanche pré-treino pode deixá-lo com tanta fome que você acabará por comer demais após a sessão. O que importa é o seu equilíbrio energético diário: consumir menos calorias do que queima ao longo do dia.

HIDRATAÇÃO

É crucial estar totalmente hidratado antes do treino, caso contrário você corre o risco de desidratação logo no início da sessão. Isso pode afetar sua resistência, velocidade e desempenho, e causar fadiga precoce, dor de cabeça, náusea e tonturas.

A prevenção é melhor que a cura. Se você treina à noite, certifique-se de beber muita água durante o dia. Se você treina cedo pela manhã, beba algo assim que acordar. Você vai saber se está adequadamente hidratado pela cor da sua urina. Deve ser clara, cor de palha, não amarelo profundo, e não deve ter odor forte. Você pode compensar qualquer déficit prévio consumindo de 350 a 500ml de líquido cerca de quatro horas antes do treinamento e continuar a se hidratar aos poucos e regularmente.

Para treinos com duração inferior a uma hora, água é a melhor escolha. Ela é absorvida rapidamente e hidrata o corpo. Para sessões mais longas, consumir carboidratos extras na forma de uma bebida (por exemplo, sucos concentrados ou isotônicos) também ajudará a manter os níveis de glicose no sangue e a fornecer energia aos músculos. Outra opção é consumir água acompanhada de alimentos (por exemplo, bananas, uvas-passas ou géis).

O que se aconselha atualmente é beber quando se está com sede e ouvir seu corpo. Para a maioria dos exercícios e climas, 400-800ml por hora evitam a desidratação bem como a sobre-hidratação. Procure consumir fluidos à mesma taxa da perda pelo suor. Você vai suar mais em condições quentes e úmidas e quando estiver se exercitando com mais intensidade.

COMO MAXIMIZAR SEU DESEMPENHO SEM CARNE

NUTRIÇÃO DURANTE O EXERCÍCIO

Para exercícios de resistência com mais de uma hora de duração, consumir carboidratos extras pode ajudá-lo a manter o ritmo e continuar por mais tempo. Tente consumir entre 30 e 60g por hora em forma de líquidos ou como alimento sólido. Os itens a seguir fornecem 30g de carboidratos:

- 500ml de suco concentrado (diluído a 1:8)
- 500ml de bebida esportiva isotônica
- 1½ banana
- 2 géis energéticos de 30ml
- 40g de uvas-passas
- 60g de damascos secos macios (prontos para comer)
- 2 barras de tâmara e castanha de caju (p.171)
- 6 balas de goma
- 4 balas energéticas

Se você se exercitar por mais de duas horas e meia (por exemplo, corrida de ultradistância, triatlo, ciclismo ou maratona), consumir até 90g de carboidratos por hora vai ajudá-lo a manter o bom desempenho e a retardar a fadiga. O ideal é que seja uma mistura de duas partes de glicose para uma parte de frutose, que você pode obter a partir de bebidas de dupla fonte de energia ou de géis. Dupla fonte de energia significa que contém dois tipos de carboidratos, geralmente uma mistura de glicose (ou maltodextrina) e frutose. A maltodextrina é um tipo de carboidrato (que compreende cadeias curtas de moléculas de glicose) feito de amido de milho.

NUTRIÇÃO DE RECUPERAÇÃO

O que você come e bebe depois de um treino é fundamental para acelerar a recuperação muscular e melhorar a sua forma física. Para uma rápida recuperação, preste atenção a estas três fases-chave.

REIDRATAÇÃO

Repor os líquidos perdidos é a prioridade, visto que seus músculos não podem se recuperar completamente até que as células estejam devidamente hidratadas. A quantidade exata que você precisa beber depende de quanto você está desidratado após o treino. O "teste do xixi" lhe dará uma ideia, ou então você pode se pesar antes e depois do exercício. Para cada quilo de peso corporal perdido, beba 1500ml de fluido (por exemplo, água, suco diluído ou leite). Repor os líquidos perdidos leva tempo, e é mais bem alcançado bebendo-se pequenas quantidades com regularidade. Beber um grande volume de uma só vez estimula a formação de urina, e desta forma o líquido é perdido em vez de retido.

REABASTECER E RECONSTRUIR

Antes de sua próxima sessão, você precisa repor o combustível (glicogênio) utilizado por meio do consumo de carboidratos, e também reconstruir os músculos danificados ingerindo proteínas. Se você tiver menos de 24 horas antes de seu próximo treino (ou seja, se você treina duas vezes por dia), então precisa aproveitar a janela de recuperação de duas horas – isto é, quando seus músculos reabastecem o glicogênio e reconstroem proteínas mais rápido do que o normal. No entanto, se você tem 24 horas ou mais entre os treinos, então ajustar o horário de sua refeição pós-treino é menos crítico. Não há nenhuma vantagem particular em comer imediatamente após o exercício. Faça sua refeição pós-treino apenas quando sentir fome. Desde que você consuma calorias, carboidratos e proteínas suficientes no período de 24 horas, seus músculos vão se recuperar antes de seu próximo treino.

Equilibre de maneira certa carboidratos e proteínas em seu lanche ou refeição pós-treino. A combinação destes dois nutrientes promove uma reparação muscular mais rápida e um maior crescimento muscular, e reduz a dor pós-exercício. Sua refeição ou lanche de pós-treino deve, de preferência, incluir cerca de 20g de proteína ou cerca de 0,25g/kg de peso corporal (Moore et al., 2009). Como a recuperação muscular continua por várias horas, inclua cerca de 20g de proteína em cada refeição (Moore et al., 2012). Comer mais do que isso não vai aumentar o crescimento muscular nem acelerar a recuperação. Todas as receitas de café da manhã como refeição principal na Parte 2 fornecem cerca de 20g por porção.

Procure comida "de verdade" em vez de bebidas de recuperação industrializadas – estas carecem de fibras, fitoquímicos e outros nutrientes de alimentos reais que protegem sua saúde. Além disso, alimentos como leite, iogurte, frutas frescas e secas, oleaginosas e torradas integrais são consideravelmente mais econômicos em comparação com produtos industrializados.

Aqui estão sete dos melhores alimentos que fornecem a quantidade ideal de nutrientes para otimizar a recuperação muscular após uma sessão intensa:

1 25g DE AMÊNDOAS OU CASTANHAS DE CAJU MAIS 150g DE IOGURTE GREGO – As oleaginosas não só fornecem proteínas, mas também vitamina E, ferro e fibra. O iogurte grego escorrido é mais concentrado, portanto contém cerca de duas vezes o teor de proteína do iogurte comum.

2 500ml DE LEITE MAIS UMA BANANA – Qualquer tipo de leite irá fornecer a proteína necessária para maximizar a adaptação muscular após o exercício. Ele também contém a quantidade ideal do aminoácido leucina para promover a reconstrução muscular após o exercício.

3 30ml DE CONCENTRADO DE SUCO DE CEREJA – Estudos mostram que a recuperação muscular é significativamente mais rápida em comparação com um placebo, graças aos seus altos níveis de flavonoides antioxidantes.

4 UMA TIGELA DE MINGAU COM OLEAGINOSAS E FRUTAS – Feito com 400ml de leite e 50g de aveia, o mingau é o alimento de recuperação muscular ideal após a prática matinal, pois fornece a relação perfeita de carboidratos e proteínas, juntamente com vitaminas B, ferro e fibras.

5 BARRAS FLAPJACK DE AMÊNDOAS E SEMENTES DE ABÓBORA (p.181) – Uma alternativa ideal às barras industrializadas, estas fornecem mais proteína, ácidos graxos ômega-3 e ferro.

6 SHAKE REPARADOR DE MORANGO (p.196) ou Shake de banana e manteiga de amendoim (p.199) – Uma excelente mistura de proteína, carboidratos e todos os fitoquímicos mais importantes.

7 BARRAS DE TÂMARA E CASTANHA DE CAJU (p.171) – Repletas de proteínas, gorduras essenciais, vitaminas e minerais para reparar e reconstruir músculos.

A recuperação prossegue por bastante tempo após o exercício, portanto você precisa continuar prestando atenção à sua dieta e à ingestão de líquidos. A fabricação de proteínas aumenta durante as 24 a 48 horas seguintes, atingindo geralmente um pico após cerca de 24 horas. Se você não fornecer ao seu corpo os nutrientes adequados, corre o risco de ter uma recuperação incompleta e uma adaptação escassa ao treinamento. Consuma em intervalos regulares refeições nutritivas que fornecem proteínas e carboidratos, juntamente com fibras, vitaminas, minerais e gorduras saudáveis. Experimente Dhal de abóbora-manteiga e espinafre (p.108), Fritada de batata, espinafre e queijo de cabra (p.138), Pilaf picante de quinoa e tofu (p.145) ou Torta de lentilha vermelha (Shepherd's Pie) (p.128).

Esquerda: *Mingau de banana e canela*
Direita: *Mingau de manteiga de amendoim e chocolate*, p.52 e 53

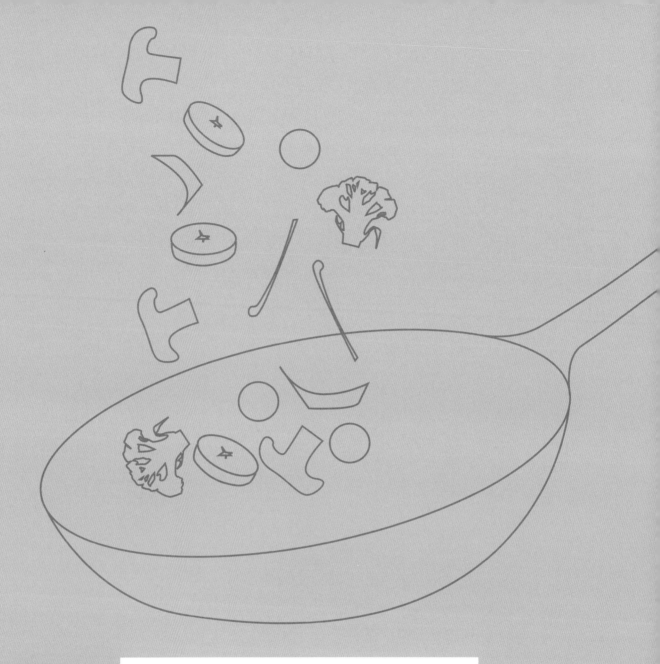

NOTAS

- Todas as receitas são vegetarianas, mas sempre verifique se todos os ingredientes (por exemplo, queijos e condimentos) são adequados para vegetarianos.
- **VG** indica que a receita é vegana.
- Muitas receitas podem ser adaptadas para torná-las veganas, substituindo o leite ou o iogurte pela versão não láctea (por exemplo, de soja, coco, amêndoa, arroz ou aveia).

PARTE 2

As receitas

Meu objetivo nesta seção é ajudá-lo a colocar a alimentação vegetariana em prática, e mostrar que a culinária vegetariana pode ser fácil, saborosa e estimulante. Ficaram para trás os dias em que comida vegetariana era sinônimo de omeletes sem graça, saladas ou uma tigela de lentilhas. Com tantos ingredientes disponíveis hoje em dia, existem combinações ilimitadas de cores e sabores. A culinária vegetariana não precisa jamais ser monótona! Estas receitas mostram como combinar ingredientes fantásticos e frescos para fazer cafés da manhã incríveis, pratos principais, sopas, saladas, sobremesas, lanches e vitaminas deliciosas. E são todas "fast-food" – a maioria pode ser preparada em menos de trinta minutos.

O segredo para uma dieta vegetariana saudável é a utilização de fontes alternativas de proteína, como feijões, lentilhas, tofu e oleaginosas, no lugar da carne e do peixe. Outra prioridade é incluir fontes vegetarianas de ferro e ômega-3, dois nutrientes que às vezes faltam aos vegetarianos (para mais informações, veja as p.31-7). Isso pode ser facilmente alcançado, fazendo dos feijões, lentilhas, oleaginosas e sementes o foco de suas refeições principais. Por fim, adicione muitos vegetais – pelo menos dois tipos por refeição – e coma um arco-íris de cores para obter uma ampla gama de nutrientes.

Você verá que as receitas são simples e rápidas, não exigindo habilidade nem técnicas culinárias complicadas. As receitas foram todas concebidas tendo em mente as necessidades nutricionais específicas dos atletas. Desta forma, elas combinam ingredientes nutritivos que proporcionam o equilíbrio ideal de proteínas, carboidratos e gorduras essenciais para o bom desempenho e a boa recuperação. A inclusão de uma abundância de ingredientes frescos e coloridos significa que cada receita também é repleta de nutrientes que ajudam na produção de energia, reconstrução muscular e no bom funcionamento do sistema imunológico.

Estou ciente de que as necessidades de calorias dos atletas variam consideravelmente (dependendo do esporte e do programa de treinamento), então você pode precisar de algo a partir de 2 mil até mais de 4 mil calorias por dia. A maioria das receitas de pratos principais rende duas porções, mas use as quantidades simplesmente como guia. Você pode ajustá-las se quiser porções maiores ou menores, ou se estiver cozinhando para um número diferente de pessoas. Cada receita fornece uma tabela nutricional, para que você possa ver de que forma isso contribui para a sua ingestão diária de calorias e nutrientes.

Nas páginas a seguir, você encontrará mais de cem receitas adequadas para refeições e lanches do dia a dia, que foram testadas e aprovadas por familiares e amigos íntimos. Essas receitas alimentaram meu próprio sucesso esportivo como campeã nacional de fisiculturismo, bem como do meu marido (corredor profissional categoria masters) e duas filhas (ambas nadadoras profissionais). Espero que você aproveite essas receitas tanto quanto eu e descubra que as refeições vegetarianas podem ser saudáveis e deliciosas. E você verá que realmente pode ganhar músculos sem comer carne!

CAPÍTULO 3

CAFÉ DA MANHÃ

··

1	**MINGAU DE BANANA E CANELA** VG	p.52
2	**MINGAU DE MANTEIGA DE AMENDOIM E CHOCOLATE** VG	p.53
3	**MINGAU DE MIRTILO** VG	p.55
4	**MINGAU DE MICRO-ONDAS** VG	p.55
5	**MUESLI DE FRUTAS E AMÊNDOAS**	p.56
6	**MUESLI BIRCHER COM FRAMBOESAS**	p.56
7	**AVEIA MADRUGADORA COM MIRTILO**	p.59
8	**AVEIA MADRUGADORA COM BANANA**	p.59
9	**PANQUECAS DE AVEIA E MIRTILO**	p.60
10	**PANQUECAS DE AVEIA COM MAÇÃ E CANELA**	p.62
11	**PANQUECAS RÁPIDAS DE BANANA**	p.62
12	**OVOS MEXIDOS PERFEITOS**	p.63
13	**TORRADA DE ABACATE E OVO**	p.64

No sentido horário, a partir do canto superior direito: *Mingau de mirtilo, Torrada de abacate e ovo, Muesli de frutas e amêndoas, Panquecas de aveia e mirtilo*

MINGAU DE BANANA E CANELA

Cheio de carboidratos de liberação lenta, um mingau é a maneira perfeita de começar o dia. Adicione um pouco de canela e jogue uma banana e algumas nozes para deixá-lo muito mais saboroso (e mais saudável). Varie os acompanhamentos com um punhado de passas, algumas tâmaras cortadas ou damascos secos, uma colher de coco seco ou purê de maçã – o que for mais do seu agrado!

50g de aveia em flocos
300ml de leite de sua preferência
Uma pitada de canela
1 banana cortada em fatias
1 colher de sopa de oleaginosas picadas
(por exemplo, amêndoas, nozes ou pecãs)

Rende 1 porção

Misture a aveia, o leite e metade da banana cortada em uma panela. Deixe ferver, reduza o fogo e cozinhe por 4-5 minutos, mexendo com frequência. Acrescente a canela.

Sirva com as oleaginosas e a outra metade da banana por cima.

NUTRIENTES por porção:
- 501kcal • 22g de proteína • 14g de gordura (2g de saturadas) • 69g de carboidratos (39g de açúcares totais) • 6g de fibra

MINGAU DE MANTEIGA DE AMENDOIM E CHOCOLATE

Se você é fã de manteiga de amendoim como eu, vai adorar esta saborosa variação do mingau básico. Uma colher de cacau e outra de manteiga de amendoim (ou mesmo de manteiga de amêndoa) a transformam em uma deliciosa tigela achocolatada. E também é uma forma brilhante de aumentar a ingestão de proteínas, ferro, vitaminas B e fibras.

50g de aveia em flocos
300ml de leite de sua preferência
1 colher de chá de cacau em pó (ou mais, se você quiser)
1 colher de sopa de manteiga de amendoim (uso pasta de amendoim crocante)
Uma pitada de canela
1 banana cortada em fatias

Opcional:
um filete de mel ou xarope de bordo
iogurte natural

Rende 1 porção

Coloque a aveia, o leite e o cacau em pó em uma panela em fogo médio. Quando começar a borbulhar, reduza o fogo. Aproveite o incrível aroma de chocolate! Mexa até o mingau engrossar e a aveia cozinhar, cerca de 4-5 minutos.

Acrescente a manteiga de amendoim e a canela, despeje em tigelas, espalhe as fatias de banana por cima e, se quiser, um fio de mel ou de xarope de bordo e uma colherada de iogurte.

NUTRIENTES por porção:
• 520kcal • 23g de proteína • 15g de gordura
(3g de saturadas) • 70g de carboidratos
(39g de açúcares totais) • 8g de fibra

Mingau de mirtilo

MINGAU DE MIRTILO

Lá em casa, chamamos essa receita de "mingau roxo"! Ele não só tem uma bela cor de violeta, como também está cheio de benefícios para a saúde! Os mirtilos são verdadeiras bombas de nutrientes – ricos em polifenóis e vitamina C, os quais ajudam a aumentar o desempenho nos exercícios e promovem uma rápida recuperação. Adicioná-los ao mingau é uma maneira segura de ter mais energia no seu próximo treino.

50g de aveia em flocos
300ml de leite de sua preferência
Um punhado de mirtilos frescos ou congelados (já descongelados)
Uma pitada de canela
Metade de uma banana cortada em fatias
Mel ou xarope de bordo a gosto
Opcional: algumas gotas de extrato de baunilha
Rende 1 porção

Coloque a aveia e o leite em uma panela grande e deixe ferver. Reduza o fogo, adicione os mirtilos e cozinhe em fogo médio, mexendo de vez em quando, até que o mingau engrosse e a aveia esteja cozida, cerca de 4-5 minutos. O mingau ficará num tom violeta-escuro! Adicione a canela e a baunilha.

Uma vez que você atinja a consistência desejada (eu prefiro o meu mingau bem grosso!), despeje-o em uma tigela. Quanto mais ele cozinha, mais engrossa, portanto, para obter uma consistência mais fina, cozinhe por menos tempo. Coloque por cima mais alguns mirtilos, as fatias de banana e um fio de mel ou xarope de bordo.

> **NUTRIENTES por porção:**
> • 415kcal • 18g de proteína • 6g de gordura (1g de saturadas) • 70g de carboidratos (36g de açúcares totais) • 8g de fibra

MINGAU DE MICRO-ONDAS

Se você nem sempre tem tempo para fazer o mingau tradicional no fogão, eis aqui um atalho para quando você só tem 3 minutos. O sabor é quase o mesmo e é tão saudável quanto.

50g de aveia em flocos
½ colher de chá de canela ou extrato de baunilha
300ml de leite de sua preferência
Ingredientes opcionais: fatias de banana, mel ou xarope de bordo, uvas-passas, tâmaras picadas ou castanhas
Rende 1 porção

Misture a aveia, a canela ou a baunilha e o leite em uma tigela (use uma tigela grande, para evitar que transborde ao cozinhar). Cozinhe na potência máxima do micro-ondas por 1 minuto e meio, mexa e, em seguida, cozinhe por mais 1 minuto e meio. Mexa novamente.

Coloque os ingredientes opcionais por cima.

> **NUTRIENTES por porção:**
> • 288kcal • 16g de proteína • 5g de gordura (1g de saturadas) • 42g de carboidratos (14g de açúcares totais) • 5g de fibra

CAFÉ DA MANHÃ **55**

MUESLI DE FRUTAS E AMÊNDOAS

Eu sou exigente quando se trata de muesli, e não gosto das versões industrializadas servidas com leite. Podem ser muito saudáveis, mas a maioria tem gosto de papelão e exige muita mastigação. Então, aqui vai uma alternativa deliciosa e ainda mais saudável, que fica de molho em iogurte durante a noite na geladeira. O muesli absorve o líquido, ficando com uma textura mais suave e muito mais agradável!

40g de muesli básico

250ml de iogurte grego natural com baixo teor de gordura

1 colher de sopa de frutas secas, como uvas-passas pretas ou brancas, damascos ou tâmaras

1 colher de sopa de amêndoas em lascas (ou qualquer outra variedade de castanhas ou sementes)

Um generoso punhado de frutas vermelhas, como morangos, framboesas ou mirtilos

Opcional: um pouco de mel

Rende 1 porção

Em uma tigela, misture o muesli ou aveia, o iogurte, as frutas secas e as amêndoas. Cubra e deixe pelo menos 30 minutos, ou durante a noite (ou até 3 dias), na geladeira.

Acrescente as frutas vermelhas e sirva com um fio de mel, se desejar.

NUTRIENTES por porção:
- 467kcal • 36g de proteína • 12g de gordura (1g de saturadas) • 51g de carboidratos (31g de açúcares totais) • 8g de fibra

MUESLI BIRCHER COM FRAMBOESAS

Esta receita fácil de fazer rende um café da manhã pós-treino perfeito, pois contém a proporção ideal de 3:1 de carboidratos e proteínas para reabastecer os músculos desgastados. O alto teor de polifenóis e vitamina C das framboesas ajuda a reduzir o dano muscular e a inflamação e promove a recuperação, enquanto as nozes fornecem valiosos ômega-3.

150g de iogurte grego natural com baixo teor de gordura

25g de aveia

1 colher de sopa de uvas-passas brancas

1 maçã pequena ralada

50g de framboesa

½ banana pequena cortada em fatias

Um fio de mel

Algumas nozes picadas

Rende 1 porção

Em uma tigela pequena, misture o iogurte, a aveia e as passas. Cubra e deixe na geladeira de um dia para o outro.

Para servir, misture a maçã ralada, as framboesas e as fatias de banana; regue com o mel e espalhe as nozes picadas por cima.

NUTRIENTES por porção:
- 468kcal • 23g de proteína • 13g de gordura (2g de saturadas) • 61g de carboidratos (46g de açúcares totais) • 8g de fibra

Muesli de frutas e amêndoas

Aveia madrugadora com mirtilo

AVEIA MADRUGADORA COM MIRTILO

Aveia madrugadora é basicamente aveia deixada de molho em iogurte ou leite durante a noite. A ideia é que a aveia absorva o líquido e amacie, criando um café da manhã instantâneo (um pouco como um mingau frio) que pode ser comido diretamente da geladeira ao acordar. Você pode prepará-lo em uma tigela ou em uma jarra de boca larga (ou outro recipiente) que possa ser colocada na bolsa e levada para a academia ou para o trabalho. Faça uma quantidade grande – a mistura dura por até dois dias na geladeira e rende um ótimo lanche pré ou pós-treino.

40g de aveia em flocos

Uma pitada de canela

75g de iogurte grego natural com baixo teor de gordura

125ml de leite de sua preferência

1-2 colheres de chá de xarope de bordo ou mel a gosto

Um punhado de mirtilos

Um pouco de nozes

Ingredientes opcionais: manteiga de amendoim, proteína em pó, maçã picada, canela ou extrato de baunilha

Rende 1 porção

Misture a aveia, a canela, o iogurte, o leite, o xarope de bordo ou mel e os mirtilos em uma tigela ou jarra de vidro. Cubra e deixe na geladeira durante a noite, de modo que a aveia absorva todo o líquido.

Na manhã seguinte, retire da geladeira, salpique as nozes por cima e aproveite!

> **NUTRIENTES por porção:**
> • 420kcal • 20g de proteína • 14g de gordura (2g de saturadas) • 49g de carboidratos (22g de açúcares totais) • 7g de fibra

AVEIA MADRUGADORA COM BANANA

Esta variação de aveia feita na véspera inclui banana, que proporciona uma doçura natural, e sementes de chia, que ajudam a engrossar a mistura. As sementes são ricas em ômega-3, fibras e proteínas e, ao contrário da linhaça, não precisam ser moídas para serem absorvidas pelo corpo. E as coberturas são infinitas!

40g de aveia em flocos

75g de iogurte grego natural com baixo teor de gordura

125ml de leite de sua preferência

1 colher de sopa de sementes de chia

Uma pitada de canela

1 banana cortada em fatias

Coberturas opcionais: amêndoas em lascas torradas, amoras, framboesas ou morangos frescos

Rende 1 porção

Misture a aveia, o iogurte, o leite, as sementes de chia, a canela e a banana em fatias em uma tigela. Cubra e deixe na geladeira durante a noite, de modo que a aveia absorva todo o iogurte.

Pela manhã, retire da geladeira. Espalhe as amêndoas picadas por cima e cubra com as frutas frescas (opcional). Você também pode adicionar mais leite ou iogurte, se quiser.

> **NUTRIENTES por porção:**
> • 418kcal • 21g de proteína • 9g de gordura (1g de saturadas) • 58g de carboidratos (33g de açúcares totais) • 10g de fibra

PANQUECAS DE AVEIA E MIRTILO

Essas panquecas são muito mais saudáveis do que as panquecas tradicionais, pois são feitas com aveia e banana em vez de farinha e, portanto, contêm mais proteínas e fibras. Elas estão repletas de deliciosos mirtilos, por isso transbordam de polifenóis e vitamina C. Faça uma grande quantidade, deixe no freezer e descongele no micro-ondas para um café da manhã rápido quando você estiver sem tempo.

100g de aveia em flocos
1 colher de chá de fermento em pó
1 banana amassada
2 ovos
150ml de leite de sua preferência
Um pouco de azeite, óleo de colza ou manteiga
200g de mirtilo

Coberturas opcionais: algumas nozes-pecã trituradas, um pouco de mel ou xarope de bordo, mirtilos extras, fatias de banana

Rende 8 panquecas (aproximadamente)

Em uma tigela, misture a aveia e o fermento. À parte, misture a banana amassada com os ovos e o leite (você pode fazer isso com um mixer de mão, se preferir). Junte a mistura de banana na de aveia.

Aqueça uma panela antiaderente em fogo médio e adicione um pouco de óleo ou manteiga. Despeje grandes colheradas de massa na panela e cozinhe até formar bolhas e as bordas estarem cozidas. Espalhe por cima um punhado de mirtilos e vire a panqueca. Cozinhe por mais alguns minutos do outro lado. Repita com o restante da massa.

Sirva as panquecas cobertas de pecãs picadas, um pouco de mel ou xarope de bordo, ou alguns mirtilos frescos e fatias de banana.

> **NUTRIENTES por panqueca:**
> • 113kcal • 4g de proteína • 4g de gordura (1g de saturadas) • 15g de carboidratos (6g de açúcares totais) • 2g de fibra

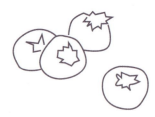

> ### Como tostar oleaginosas
>
> As oleaginosas são naturalmente deliciosas e saudáveis. Mas tostá-las realça seu sabor "amendoado". Para fazer isso no forno, espalhe em uma assadeira uma camada uniforme e coloque no forno a 180°C por 10-15 minutos. Verifique-as sempre e mexa na metade do tempo, para garantir que todas tostem uniformemente. Ou, então, toste-as em uma frigideira seca em fogo médio-alto, mexendo com frequência, até ficarem douradas e com um aroma incrível.

PANQUECAS DE AVEIA COM MAÇÃ E CANELA

Estas deliciosas panquecas oferecem uma combinação quase perfeita de proteína (ovo e leite) e carboidratos de liberação lenta (aveia e maçã) para sustentar você durante toda a manhã. Elas ficam incrivelmente fofinhas e leves, e são superfáceis de fazer.

100g de aveia em flocos
1 colher de chá de fermento em pó
½-1 colher de chá de canela
2 ovos
150ml de leite de sua preferência
1 maçã ralada
Um pouco de azeite, óleo de colza ou manteiga
Para servir: um fio de mel ou xarope de bordo
Rende 8 panquecas (aproximadamente)

Coloque todos os ingredientes, exceto o óleo/manteiga, em um liquidificador e bata até ficar homogêneo. Ou, então, misture os ingredientes secos em uma tigela e depois adicione os ovos, o leite e a maçã ralada.

Aqueça uma frigideira antiaderente grande em fogo médio e adicione um pouco de óleo ou manteiga. Despeje grandes colheradas de massa na frigideira e cozinhe por cerca de 1-1 minuto e meio, até formar bolhas e as bordas estarem cozidas. Vire a panqueca com uma espátula fina e cozinhe por mais 1-1 minuto e meio. Repita com o restante da massa.

> **NUTRIENTES por panqueca:**
> • 87kcal • 4g de proteína • 4g de gordura
> (1g de saturadas) • 10g de carboidratos
> (2g de açúcares totais) • 1g de fibra

PANQUECAS RÁPIDAS DE BANANA

Estas são as preferidas lá em casa. Quando você mistura bananas e ovos, eles se transformam magicamente em panquecas incríveis – exatamente como as panquecas tradicionais, mas com uma textura mais suave. Adicione um punhado de frutas vermelhas e uma colherada de iogurte grego e você terá o combo pré ou pós-treino praticamente perfeito.

2 bananas
3 ovos
Um pouco de azeite, óleo de colza ou manteiga
Para servir: um punhado de amoras, morangos ou framboesas ou iogurte grego natural com baixo teor de gordura
Ingredientes opcionais para a massa: ¼ de colher de chá de fermento em pó (para fazer panquecas mais fofas), 1 colher de chá de canela ou extrato de baunilha, 1 colher de sopa de uvas-passas, algumas nozes picadas, 1 colher de sopa de manteiga de amendoim
Rende 8 panquecas

Amasse a banana em uma tigela. Busque uma textura bastante suave para uma panqueca de aparência mais autêntica. Adicione os ovos e misture até ficar homogêneo. Se preferir, bata no liquidificador até ficar bem liso.

Aqueça uma frigideira antiaderente grande em fogo médio e adicione um pouco de óleo ou manteiga. Coloque colheradas de massa e cozinhe por 30-45 segundos. Vire a panqueca com uma espátula fina e cozinhe por mais 15-30 segundos do outro lado. Repita com o restante da massa.

> **NUTRIENTES por panqueca:**
> • 66kcal • 3g de proteína • 3g de gordura
> (1g de saturadas) • 7g de carboidratos
> (6g de açúcares totais) • 1g de fibra

OVOS MEXIDOS PERFEITOS

Os ovos são ricos em proteínas e contêm todos os aminoácidos necessários para o crescimento e a reparação musculares. Também são boas fontes de ferro e vitamina B12, dois nutrientes que podem ser escassos em dietas vegetarianas. Aqui vai minha versão saudável do clássico de café da manhã. Eu substituí a manteiga e o creme de leite da versão tradicional por iogurte, o que reduz muito o teor de gordura saturada do prato, mas mantém toda a linda textura cremosa.

2 ovos

2 colheres de chá de iogurte grego natural com baixo teor de gordura

Um pouco de sal e pimenta-do-reino preta moída na hora

2 fatias de pão integral ou de centeio

Ingredientes opcionais: tomates-cereja cortados ao meio, cebola picada, fatias de abacate, espinafre baby

Rende 1 porção

Quebre os ovos em uma tigela, adicione o iogurte e os temperos e misture bem.

Despeje a mistura de ovos numa panela antiaderente quente sobre fogo médio e mexa sem parar com uma colher de pau, até que os ovos comecem a cozinhar – isso leva 2-3 minutos. Retire do fogo quando estiverem quase totalmente cozidos, visto que eles continuam a cozinhar por mais algum tempo.

Enquanto os ovos estão cozinhando, toste o pão. Sirva os ovos mexidos sobre a torrada com mais pimenta-do-reino.

> NUTRIENTES por porção:
> • 349kcal • 23g de proteína • 3g de gordura (3g de saturadas) • 33g de carboidratos (2g de açúcares totais) • 6g de fibra

CAFÉ DA MANHÃ **63**

TORRADA DE ABACATE E OVO

As torradas de abacate tornaram-se sensação no mundo fitness. E isso é uma coisa ótima! É literalmente abacate amassado sobre uma fatia de torrada – rápido, saudável e delicioso. Adicione um ovo pochê e você terá um café da manhã perfeitamente equilibrado, rico em proteínas, gorduras monoinsaturadas, carboidratos e fibras. Também é uma boa maneira de obter ferro. Complemente com qualquer uma das coberturas sugeridas.

2 ovos
2 fatias de pão integral
⅓ de abacate
Sal marinho em flocos e pimenta-do-reino moída na hora
Ervas frescas ou secas (salsa, tomilho ou manjericão)

Ingredientes opcionais: alguns tomates-cereja, uma pitada de pimenta calabresa, um pouco de manteiga de amendoim sob o abacate ou alguns pistaches ou pinoles triturados

Rende 1 porção

Ponha uma panela de água para ferver (use água suficiente para cobrir os ovos quando eles estiverem no fundo). Quebre um ovo em uma xícara e depois coloque-o na água. Outra opção é quebrar o ovo em uma forma de silicone própria para pochê e mergulhar na água fervente. Reduza o fogo e cozinhe por cerca de 4 minutos, até a clara estar firme.

Enquanto os ovos estão cozinhando, toste o pão e, usando um garfo, amasse o abacate sobre cada fatia. Quando os ovos estiverem prontos, use uma escumadeira para retirá-los da água e coloque-os sobre a torrada. Tempere com sal, pimenta-do-reino preta moída na hora e ervas.

NUTRIENTES por porção:
• 488kcal • 22g de proteína • 28g de gordura (6g de saturadas) • 33g de carboidratos (3g de açúcares totais) • 9g de fibra

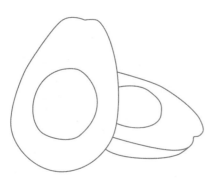

CAPÍTULO 4

SOPAS

1	**SOPA DE LEGUMES DEFINITIVA** VG	p.68
2	**SOPA DE LENTILHA MARROQUINA** VG	p.70
3	**SOPA DE CENOURA COM QUINOA** VG	p.71
4	**SOPA DE ABÓBORA-MANTEIGA COM FEIJÃO-BRANCO** VG	p.73
5	**SOPA DE ABÓBORA-MORANGA** VG	p.74
6	**SOPA DE ESPINAFRE E ABOBRINHA COM AMÊNDOAS TOSTADAS** VG	p.75
7	**SOPA VERDE DE VERDADE** VG	p.76
8	**SOPA DE RAÍZES** VG	p.78
9	**SOPA DE VEGETAIS MEDITERRÂNEOS ASSADOS** VG	p.79
10	**SOPA DE LENTILHA VERMELHA E LEGUMES** VG	p.81

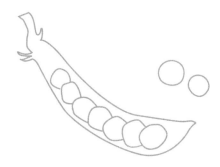

No sentido horário, a partir do canto superior direito: *Sopa de abóbora-manteiga com feijão-branco, Sopa verde de verdade, Sopa de lentilha vermelha e legumes* e *Sopa de legumes definitiva*

SOPA DE LEGUMES DEFINITIVA

Esta sopa é repleta de legumes e ervas saudáveis. A beleza da receita é que você pode substituir qualquer vegetal por outro da época, como abóbora, pimentões vermelhos ou alho-poró. Não importa o que você decidir, é uma maneira deliciosa de obter suas cinco porções diárias recomendadas de vegetais.

1 colher de sopa de azeite ou óleo de colza
1 cebola cortada finamente
1 cenoura fatiada
1 pastinaca pequena cortada em cubos
600ml de caldo de legumes
1 folha de louro
50g de vagem sem as pontas e cortadas ao meio
125g de folhas verdes, como couve e repolho
Um punhado pequeno de folhas de manjericão, sal em flocos e pimenta-do-reino preta moída na hora

Rende 2 porções

Aqueça o azeite em uma panela de fundo triplo sobre fogo médio. Adicione a cebola e refogue por cerca de 5 minutos, até amolecer.

Adicione as cenouras e pastinacas e continue a cozinhar em fogo médio por 5 minutos, mexendo de vez em quando, até que os vegetais amoleçam um pouco.

Adicione o caldo e a folha de louro e deixe ferver. Cozinhe por 10 minutos, adicione as vagens e as folhas verdes e cozinhe por mais 5 minutos.

Retire a folha de louro e descarte. Bata a sopa no liquidificador. Acrescente o manjericão e tempere com sal e pimenta moída na hora.

NUTRIENTES por porção:
• 176kcal • 5g de proteína • 8g de gordura (1g de saturadas) • 16g de carboidratos (10g de açúcares totais) • 10g de fibra

SOPA DE LENTILHA MARROQUINA

Esta é uma sopa perfeita para quando o tempo fica um pouco frio. É uma boa fonte de proteínas e fibras, bem como de vitaminas B e potássio. Você pode usar qualquer variedade de lentilha, mas tradicionalmente se usa a marrom.

1 colher de sopa de azeite ou óleo de colza
1 cebola pequena cortada
1 alho-poró fatiado
1 cenoura fatiada
1 talo de aipo fatiado finamente
1 batata cortada em cubos
600ml de caldo de legumes
50g de lentilha marrom ou de Puy
1 colher de chá de harissa
Suco de ½ limão-siciliano
Um punhado de coentro fresco

Rende 2 porções

Aqueça o azeite em uma panela grande de fundo triplo. Adicione a cebola, o alho-poró, a cenoura, o aipo e a batata e cozinhe em fogo baixo por cerca de 10 minutos, ou até que os vegetais tenham amolecido, mas sem queimar.

Adicione as lentilhas e a harissa. Despeje o caldo e deixe ferver. Cozinhe em fogo baixo, com a panela parcialmente tampada, por mais 25 minutos, até que os vegetais e as lentilhas estejam macios.

Adicione o suco de limão-siciliano, tempere a gosto com sal e pimenta-do-reino preta e misture o coentro fresco.

NUTRIENTES por porção:
• 279kcal • 11g de proteína • 7g de gordura (1g de saturadas) • 37g de carboidratos (9g de açúcares totais) • 11g de fibra

70 RECEITAS

SOPA DE CENOURA COM QUINOA

Esta sopa simples é cheia de betacaroteno, que é bom para o sistema imunológico e promove a recuperação após o exercício. Fica mais nutritiva ainda pela adição da quinoa, que não só dá uma textura interessante, como também fornece proteína e ferro extras.

1 colher de sopa de azeite ou óleo de colza
1 cebola bem picada
1 dente de alho amassado
3 cenouras fatiadas
600ml de caldo de legumes
1 folha de louro
Um punhado de salsinha lisa picada grosseiramente
50g de quinoa
Rende 2 porções

Aqueça o óleo em uma panela grande sobre fogo médio. Adicione a cebola e o alho e refogue por 2-3 minutos.

Adicione as cenouras e misture bem. Cozinhe sobre fogo médio-baixo por 5 minutos, mexendo de vez em quando, até que os vegetais amoleçam um pouco. Adicione o caldo e a folha de louro e deixe ferver. Cozinhe por 15 minutos, ou até que os vegetais estejam macios. Retire a folha de louro e descarte. Bata a sopa usando um mixer de mão ou liquidificador.

Enquanto isso, cozinhe a quinoa de acordo com as instruções da embalagem. Sirva a sopa em tigelas e salpique a quinoa e a salsinha fresca por cima.

> **NUTRIENTES por porção:**
> • 223kcal • 6g de proteína • 8g de gordura (1g de saturadas) • 30g de carboidratos (15g de açúcares totais) • 7g de fibra

SOPAS

SOPA DE ABÓBORA-MANTEIGA
com **FEIJÃO-BRANCO**

A abóbora tem um belo sabor adocicado, que é aflorado pela adição de gengibre e noz-moscada. E claro, também está cheia de carotenoides antioxidantes, que estimulam o sistema imunológico e protegem as células contra os radicais livres nocivos. Eu adiciono feijão-branco em conserva para aumentar o teor de proteína da sopa.

1 colher de sopa de azeite ou óleo de colza
1 cebola pequena picada
¼ de abóbora-manteiga média, descascada e cortada em pedaços
1 cenoura fatiada
1 dente de alho amassado
½ colher de chá de gengibre fresco ralado
Uma pitada de noz-moscada ralada na hora (opcional)
600ml de caldo de legumes
200g de feijão-branco em conserva, escorrido e lavado
Sal e pimenta-do-reino preta moída na hora

Rende 2 porções

Aqueça o óleo em uma panela grande sobre fogo médio. Adicione a cebola e refogue suavemente por cerca de 5 minutos, até amolecer. Adicione a abóbora, a cenoura, o alho, o gengibre e, se desejar, a noz-moscada. Mexa e cozinhe por mais alguns minutos. Adicione o caldo, espere ferver, reduza o fogo, tampe a panela e cozinhe por cerca de 20 minutos, até que os vegetais estejam macios.

Retire do fogo e bata até ficar liso usando um liquidificador, um processador de alimentos ou um mixer de mão.

Despeje a sopa de volta na panela, adicione o feijão-branco e aqueça novamente. Tempere com sal e pimenta-do-reino. Sirva com uma colherada de iogurte grego, se desejar, e fatias de torrada integral.

NUTRIENTES por porção:
• 187kcal • 7g de proteína • 6g de gordura (1g de saturadas) • 21g de carboidratos (9g de açúcares totais) • 9g de fibra

SOPA DE ABÓBORA-MORANGA

Saudável, satisfatória e reconfortante, confesso que tenho um fraco por sopa de abóbora nos meses de outono, quando elas estão no auge da colheita. As abóboras são super-ricas em fitonutrientes e alfacaroteno, que ajudam a proteger contra danos celulares. Elas também fornecem vitamina E, betacaroteno e vitamina C.
Esta sopa é perfeita como uma refeição pré ou pós-treino, servida com hummus (ver p.191) e torradas.

1 colher de sopa de azeite ou óleo de colza
1 cebola picada
1cm de gengibre fresco ralado
1 dente de alho amassado
½ colher de chá de noz-moscada ralada
½ colher de chá de semente de coentro em pó
1 cenoura fatiada
1 batata pequena descascada e picada
350g de abóbora-moranga picada
600ml de caldo de legumes
Sal e pimenta-do-reino preta moída na hora
2 colheres de sopa de sementes de abóbora tostadas

Rende 2 porções

Aqueça o azeite em uma panela grande, adicione a cebola e refogue em fogo médio por cerca de 5 minutos, até ficar translúcida. Acrescente o gengibre, o alho, a noz-moscada e o coentro e cozinhe por mais 1 minuto.

Adicione os vegetais, mexa bem, tampe a panela e deixe cozinhar em fogo baixo por mais 5 minutos. Adicione o caldo, deixe ferver, reduza o fogo e cozinhe por cerca de 20 minutos, ou até que os vegetais estejam macios.

Bata a sopa usando um mixer de mão ou liquidificador. Adicione um pouco mais de água ou caldo, se desejar uma consistência mais fina. Tempere a gosto, sirva em tigelas e espalhe as sementes de abóbora por cima. Sirva com pão pitta torrado e hummus.

NUTRIENTES por porção:
• 260kcal • 8g de proteína • 13g de gordura
(2g de saturadas) • 23g de carboidratos
(10g de açúcares totais) • 8g de fibra

Como tostar sementes de abóbora

Espalhe as sementes em uma assadeira numa camada uniforme e leve ao forno a 180°C por 12-15 minutos, até ficarem perfumadas e torradas. Confira regularmente e mexa na metade do tempo de cozimento, para se certificar de que não queimem.

SOPA DE ESPINAFRE E ABOBRINHA COM AMÊNDOAS TOSTADAS

Esta sopa saudável é cheia de maravilhas verdes, fácil de fazer e uma ótima forma de obter sua cota diária de ferro. Você pode trocar o espinafre por outras folhas verdes da época, como variedades de couve. Eu adiciono grão-de-bico para obter mais proteína e uma espessura mais grossa.

1 colher de sopa de azeite ou óleo de colza
1 cebola pequena bem picada
125g de espinafre fresco ou congelado
1 abobrinha fatiada
600ml de caldo de legumes
200g de grão-de-bico em conserva escorrido
Sal e pimenta-do-reino preta moída na hora
Um pouco de noz-moscada ralada na hora
Algumas gotas de suco de limão
25g de amêndoas tostadas em lascas

Rende 2 porções

Aqueça o azeite em uma panela de fundo triplo em fogo médio e refogue a cebola por 5 minutos. Em seguida, adicione o espinafre, a abobrinha e o caldo, deixe ferver, tampe a panela e cozinhe por mais 4-5 minutos, até que os vegetais estejam macios.

Despeje a sopa no liquidificador com o grão-de-bico, o sal, a pimenta, a noz-moscada e o suco de limão e bata até ficar homogêneo. Reaqueça e sirva em tigelas, salpicando as amêndoas por cima. Sirva com pão integral.

NUTRIENTES por porção:
• 267kcal • 12g de proteína • 15g de gordura (2g de saturadas) • 17g de carboidratos (5g de açúcares totais) • 10g de fibra

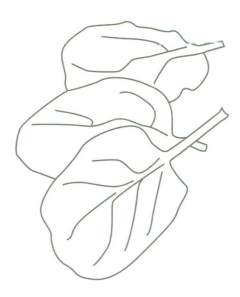

SOPA VERDE DE VERDADE

Esta sopa supersaudável é carregada de vegetais verdes nutritivos, como brócolis, repolho e couve, e por isso é repleta de sabor. Uma ótima maneira de ingerir sua dose diária de vitaminas e minerais.

1 colher de sopa de azeite ou óleo de colza
1 cebola finamente fatiada
2 dentes de alho amassados
1 alho-poró fatiado
125g de floretes de brócolis
125g de couve ou acelga finamente picada
1 batata pequena descascada e cortada em cubos
600ml de caldo de legumes
Pimenta-do-reino preta moída na hora
Um punhado de coentro fresco

Rende 2 porções

Aqueça o azeite em uma panela de fundo triplo sobre fogo médio. Adicione a cebola, o alho e o alho-poró e refogue suavemente por cerca de 5 minutos.

Acrescente os vegetais restantes e misture bem. Cozinhe sobre fogo médio-baixo por alguns minutos, mexendo de vez em quando, e despeje o caldo. Deixe ferver, reduza o fogo e cozinhe por 15 minutos, ou até que os vegetais estejam macios. Adicione o coentro, tempere com pimenta-do-reino preta e bata a sopa no liquidificador.

Sirva com pão de grãos.

> **NUTRIENTES por porção:**
> • 210kcal • 8g de proteína • 7g de gordura (1g de saturadas) • 23g de carboidratos (8g de açúcares totais) • 11g de fibra

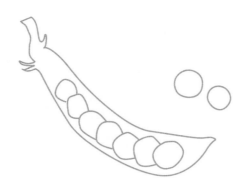

SOPA DE RAÍZES

Esta é uma das minhas sopas favoritas, principalmente por causa da sua simplicidade, mas também porque é cheia de sabores de inverno! Você pode experimentar com diferentes raízes – aipo-rábano e batata-doce funcionam muito bem – ou adicionar especiarias como pimenta, cominho, canela ou coentro em pó para uma sopa mais condimentada.

1 colher de sopa de azeite ou óleo de colza
1 cebola finamente cortada
2 cenouras fatiadas
1 pastinaca cortada em cubos
125g de rutabaga em cubos
600ml de caldo de legumes
1 folha de louro
Sal e pimenta-do-reino preta moída na hora

Rende 2 porções

Aqueça o azeite em uma panela de fundo triplo sobre fogo médio. Adicione a cebola e refogue suavemente por cerca de 5 minutos, até ficar translúcida.

Adicione as cenouras, as pastinacas e a rutabaga e misture bem. Cozinhe suavemente em fogo médio-baixo por 5 minutos, mexendo de vez em quando, até que os vegetais amoleçam um pouco.

Adicione o caldo e a folha de louro e deixe ferver. Reduza o fogo e cozinhe por 15 minutos, ou até que os vegetais estejam macios.

Deixe a sopa esfriar um pouco durante alguns minutos. Retire a folha de louro e descarte. Bata a sopa usando um mixer de mão ou liquidificador. Tempere a gosto com sal e pimenta. Sirva com uma colherada de iogurte grego (se desejar) e pão integral crocante.

NUTRIENTES por porção:
• 181kcal • 3g de proteína • 7g de gordura (1g de saturadas) • 21g de carboidratos (15g de açúcares totais) • 10g de fibra

SOPA DE VEGETAIS MEDITERRÂNEOS ASSADOS

Transbordando de sabor e repleta de ingredientes frescos, esta sopa é uma ótima maneira de aumentar sua ingestão de vitamina C. Os vegetais são assados no forno para realçar sua doçura natural e depois cozidos no caldo. Se você preferir uma sopa mais lisa, bata-a no liquidificador.

1 colher de sopa de azeite ou óleo de colza
1 cebola pequena cortada em fatias finas
2 dentes de alho picados finamente
½ pimentão vermelho e ½ pimentão verde fatiados
1 abobrinha sem a ponta cortada em fatias
225g de tomate
¼ de berinjela cortada em cubos
600ml de caldo de legumes
Sal e pimenta-do-reino preta moída na hora
2 colheres de chá de pesto

Rende 2 porções

Preaqueça o forno a 200°C.

Coloque todos os vegetais em uma assadeira. Regue-os com azeite e misture levemente, para que fiquem bem untados. Asse por cerca de 30 minutos, até que os vegetais estejam ligeiramente queimados por fora e macios por dentro.

Coloque metade dos vegetais no liquidificador, junto com a metade do caldo, e bata até ficar homogêneo.

Despeje o restante do caldo numa panela e ferva, adicione a mistura batida e o restante dos vegetais assados. Aqueça e tempere com sal e pimenta-do-reino preta moída na hora a gosto.

Sirva em tigelas, adicionando uma colher de chá de pesto em cada, imediatamente antes de servir. Acompanhe com fatias de pão integral com ricota.

NUTRIENTES por porção:
• 188kcal • 6g de proteína • 9g de gordura (1g de saturadas) • 16g de carboidratos (13g de açúcares totais) • 9g de fibra

SOPA DE LENTILHA VERMELHA E LEGUMES

A sopa de lentilha é reconfortante, simples e fácil de fazer, com poucos ingredientes. As lentilhas vermelhas satisfazem e são altamente nutritivas, repletas de fibras, proteínas, vitaminas e minerais, e proporcionam uma liberação de energia controlada. Esta sopa rende uma excelente refeição pré-treino.

1 colher de sopa de azeite ou óleo de colza
1 cebola picada
1-2 dentes de alho amassados
1 cenoura fatiada
75g de lentilha vermelha
600ml de caldo de legumes
Sal e pimenta-do-reino preta moída na hora a gosto
Suco de ½ limão-siciliano

Rende 2 porções

Aqueça o óleo em uma panela grande. Despeje a cebola e refogue em fogo médio por cerca de 5 minutos, até ficar macia, mexendo de vez em quando. Acrescente o alho e refogue por mais 1 minuto, mexendo continuamente. Adicione as cenouras, as lentilhas e o caldo. Deixe ferver e retire com a escumadeira qualquer espuma que se formar na superfície. Reduza o fogo e cozinhe por cerca de 20-25 minutos, até as lentilhas começarem a se desmanchar.

Tempere com sal e pimenta-do-reino preta e afine a sopa com um pouco de água, se necessário. Tempere e adicione o suco de limão-siciliano antes de servir. Sirva com uma colherada de iogurte ou parmesão vegetariano ralado (se desejar) e um pouco de pão crocante.

NUTRIENTES por porção:
• 229kcal • 11g de proteína • 7g de gordura (1g de saturadas) • 29g de carboidratos (7g de açúcares totais) • 7g de fibra

CAPÍTULO 5

SALADAS

1	**SALADA DE QUINOA** COM **VEGETAIS MEDITERRÂNEOS ASSADOS**	p.84
2	SALADA DE GRÃO-DE-BICO COM AGRIÃO E CASTANHA DE CAJU 🆅🅶	p.85
3	SALADA ARCO-ÍRIS COM QUEIJO DE CABRA	p.86
4	SALADA DE QUEIJO HALOUMI (OU COALHO) E PIMENTÃO VERMELHO	p.89
5	SALADA DE TOFU E ESPINAFRE COM AMÊNDOAS TOSTADAS 🆅🅶	p.90
6	TABULE 🆅🅶	p.90
7	SALADA DE QUINOA E FEIJÃO-VERMELHO 🆅🅶	p.91
8	SALADA DE GRÃO-DE-BICO COM PIMENTÕES ASSADOS E NOZES 🆅🅶	p.92
9	SALADA MORNA DE LENTILHA COM ESPINAFRE BABY E NOZES 🆅🅶	p.93
10	SALADA DE QUEIJO DE CABRA E ABACATE COM NOZES	p.94

No sentido horário, da direita para a esquerda: *Salada de queijo de cabra e abacate com nozes, Salada de queijo haloumi e pimentão vermelho, Salada arco-íris com queijo de cabra*

SALADA DE QUINOA COM
VEGETAIS MEDITERRÂNEOS ASSADOS

Esta salada nutritiva está cheia de incríveis sabores mediterrâneos. É a minha combinação favorita de vegetais, mas sinta-se livre para substituí-los por qualquer outro que você tenha à mão, como abóbora ou cenoura. O prato resultante será cheio de fitonutrientes valiosos, vitamina C, betacaroteno e fibras.

½ pimentão vermelho cortado em fatias grossas

1 abobrinha cortada em fatias grossas

1 cebola roxa pequena cortada em fatias grossas

½ berinjela cortada em cubos de 2½cm

Um punhado de tomates-cereja

Alguns ramos de alecrim

1 dente de alho amassado

2-3 colheres de sopa de azeite

125g de quinoa

300ml de caldo de legumes ou água

1 colher de sopa de suco de limão-siciliano

50g de queijo feta esfarelado

Um pequeno punhado de folhas de manjericão ou hortelã

Rende 2 porções

Preaqueça o forno a 200°C.

Coloque todos os vegetais em uma assadeira grande. Arrume os raminhos de alecrim entre eles e espalhe o alho amassado. Regue com metade do azeite e mexa levemente para que os vegetais fiquem bem untados. Asse no forno por cerca de 30 minutos, até que os vegetais estejam ligeiramente tostados por fora e macios por dentro.

Enquanto isso, cozinhe a quinoa. Coloque o caldo ou a água em uma panela, deixe ferver, reduza o fogo e cozinhe lentamente por cerca de 15-20 minutos, até que todo o líquido tenha sido absorvido.

Para fazer o molho, misture o suco de limão-siciliano e o restante do azeite em um pote grande com tampa de rosca. Adicione a quinoa, os vegetais assados e o queijo feta esfarelado.

> **NUTRIENTES por porção:**
> • 436kcal • 16g de proteína • 20g de gordura (6g de saturadas) • 44g de carboidratos (13g de açúcares totais) • 6g de fibra

SALADA DE GRÃO-DE-BICO COM AGRIÃO E CASTANHA DE CAJU

O grão-de-bico oferece uma base substancial e nutritiva para saladas. Ele é rico em proteínas, fibras e fruto-oligossacarídeos (um tipo de fibra que promove o desenvolvimento de bactérias benéficas no intestino). Eu o combinei com castanha de caju, agrião e coentro fresco, que fornecem ferro e proporcionam um lindo contraste de cores e texturas.

125g de vagem sem as pontas
400g de grão-de-bico em conserva escorrido e lavado
50g de castanhas de caju levemente tostadas
Um pequeno punhado de coentro fresco picado
100g de agrião

Para o molho:
2 colheres de sopa de azeite extravirgem
1 colher de sopa de vinagre balsâmico
1 dente de alho amassado
½ colher de chá de mostarda Dijon

Rende 2 porções

Cozinhe a vagem no vapor por 4 minutos, até ficar al dente. Escorra e resfrie sob água corrente.

Coloque-a em uma tigela grande e acrescente o grão-de-bico, a castanha de caju e o coentro.

Coloque os ingredientes do molho em uma garrafa ou frasco de vidro com tampa de rosca e agite até ficar homogêneo. Adicione metade do molho à salada e misture bem.

Disponha o agrião em uma tigela e despeje o molho restante. Coloque a salada de grão-de-bico sobre o agrião.

NUTRIENTES por porção:
• 439kcal • 17g de proteína • 38g de gordura (5g de saturadas) • 26g de carboidratos (3g de açúcares totais) • 11g de fibra

SALADA ARCO-ÍRIS COM QUEIJO DE CABRA

Eis uma forma incrível de obter suas cinco porções diárias de vegetais em uma só refeição. Este é literalmente um arco-íris de vegetais coloridos e cheios de fitonutrientes. Alguns vegetais são utilizados crus, então toda a sua vitamina C está intacta; outros são refogados em azeite, o que aumenta a absorção de betacaroteno e vitamina E. Eu adiciono abacate por seu teor de gordura monoinsaturada, boa para o coração, e o queijo de cabra por seu alto teor de proteína, mas você pode utilizar queijo feta ou cottage, se preferir.

1 colher de sopa de azeite
1-2 dentes de alho amassados
1 pimentão vermelho fatiado
½ cebola roxa fatiada
¼ de abóbora-manteiga descascada e cortada em cubos
1 cenoura cortada em palitos
1 batata-doce descascada e cortada em cubos
Folhas verdes
Um punhado de tomates-cereja
½ abacate
125g de queijo de cabra

Rende 2 porções

Preaqueça o forno a 200°C.

Em uma assadeira grande, misture o pimentão, a cebola, a abóbora, a cenoura e a batata-doce com o azeite e o alho. Asse por cerca de 30 minutos, até que os vegetais estejam quase macios.

Arrume as folhas, os tomates e o abacate em dois pratos. Coloque os vegetais cozidos sobre eles e espalhe o queijo de cabra esfarelado por cima.

> **NUTRIENTES por porção:**
> • 520kcal • 18g de proteína • 30g de gordura (14g de saturadas) • 40g de carboidratos (21g de açúcares totais) • 11g de fibra

86 RECEITAS

SALADA DE QUEIJO HALOUMI (OU COALHO) E PIMENTÃO VERMELHO

Esta é a salada à qual recorro mais frequentemente nos meses de verão – todos os vegetais frescos deliciosos evocam sonhos de férias no Mediterrâneo. Pimentões e tomates são excelentes fontes de vitamina C e fitonutrientes. O queijo haloumi possui teor ligeiramente mais baixo de gordura que a maioria dos queijos duros. Quando é grelhado ou frito, fica incrivelmente crocante e salgado. O abacate e os pinoles fornecem gorduras monoinsaturadas saudáveis e vitamina E.

125g de queijo haloumi (ou coalho)

2 colheres de sopa de pinoles tostados

2 grandes punhados de folhas verdes, como espinafre, rúcula e agrião

1 pimentão vermelho cortado em fatias

150g de tomates-cereja cortados ao meio

½ abacate pequeno cortado em fatias

1 colher de sopa de azeite extravirgem

Algumas gotas de suco de limão-siciliano

Sal e pimenta-do-reino preta moída na hora

Rende 2 porções

Aqueça uma grelha ou frigideira em fogo alto. Corte o queijo haloumi em fatias de 5mm e frite de 1-1 minuto e meio de cada lado, até dourar. Reserve.

Toste os pinoles numa frigideira seca.

Arrume as folhas verdes em dois pratos. Espalhe as fatias de pimentão, os tomates e o abacate sobre elas. Disponha as fatias de queijo haloumi por cima.

Misture o azeite, o suco de limão e o tempero. Regue a salada com o molho e espalhe os pinoles por cima.

> **NUTRIENTES por porção:**
> • 559kcal • 19g de proteína • 47g de gordura (15g de saturadas) • 11g de carboidratos (8g de açúcares totais) • 8g de fibra

SALADA DE TOFU E ESPINAFRE COM AMÊNDOAS TOSTADAS

Esta salada super-rápida rende um almoço perfeito, servida com um pouco de pão de grãos.

2 punhados de folhas de espinafre baby
1 cebola roxa pequena cortada em fatias finas
1 laranja descascada e cortada em fatias finas
1 colher de sopa de azeite extravirgem
1 colher de chá de suco de limão-siciliano
1 colher de chá (5ml) de mostarda à antiga
200g de tofu defumado cortado em cubos
Pimenta-do-reino preta moída na hora
50g de amêndoas em lascas tostadas

Rende 2 porções

Coloque as folhas de espinafre em uma tigela grande de salada. Adicione a cebola e a laranja.

Coloque o azeite extravirgem, o suco de limão e a mostarda em uma garrafa ou pote com tampa de rosca e agite bem. Despeje sobre as folhas da salada e misture.

Arrume o tofu sobre a salada, moa um pouco de pimenta por cima, depois espalhe as amêndoas. Sirva com pão de grãos.

> **NUTRIENTES por porção:**
> • 391kcal • 21g de proteína • 26g de gordura
> (2g de saturadas) • 14g de carboidratos
> (11g de açúcares totais) • 8g de fibra

TABULE

Esta salada de verão maravilhosamente perfumada é feita com grãos de trigo partido, ervas frescas e tomates ricos em licopeno. O trigo bulgur é rico em fibras, ferro, zinco, selênio e vitamina E. Os tomates adicionam licopeno, que protege contra o câncer, e tanto os tomates quanto o pimentão verde fornecem vitamina C.

125g de trigo bulgur
Sal e pimenta-do-reino preta moída na hora
4 cebolinhas finamente picadas
1 colher de sopa de azeite extravirgem
Suco de ½ limão-siciliano
½ pimentão vermelho ou verde finamente picado
Um punhado de salsinha lisa picada
Um punhado de folhas de hortelã picadas
3-4 tomates pequenos picados

Rende 2 porções

Coloque o trigo bulgur em uma tigela e adicione água quente até cobrir. Deixe hidratar por 15 minutos, escorra e transfira de volta para a tigela. Tempere com sal e pimenta-do-reino moída na hora.

Adicione a cebolinha, o azeite, o suco de limão, o pimentão, a salsinha, a hortelã e os tomates e misture. Leve à geladeira por pelo menos 30 minutos, para permitir que os aromas se combinem.

Sirva com queijo feta esfarelado ou um punhado de nozes tostadas.

> **NUTRIENTES por porção:**
> • 303kcal • 8g de proteína • 7g de gordura
> (1g de saturadas) • 50g de carboidratos
> (4g de açúcares totais) • 7g de fibra

SALADA DE QUINOA E FEIJÃO-VERMELHO

Esta combinação saborosa de quinoa e feijão tem baixo índice glicêmico e apresenta um excelente equilíbrio de proteínas e carboidratos complexos – perfeita para antes de um treino longo ou para o reabastecimento. Gosto de adicionar amêndoas para dar mais crocância – bem como proteínas e cálcio –, mas fique à vontade para utilizar outras variedades de oleaginosas ou sementes.

125g de quinoa
300ml de água ou caldo de legumes
400g de feijão-vermelho em conserva escorrido e lavado
4 cebolinhas picadas
Um punhado de tomates-cereja cortados ao meio
25g de amêndoas em lascas tostadas

Para o molho:
2 colheres de sopa de azeite extravirgem
2 colheres de chá de suco de limão-siciliano
½ colher de chá de mel de consistência fina (opcional)
Sal e pimenta-do-reino preta moída na hora

Rende 2 porções

Coloque a quinoa em uma panela com a água ou o caldo. Deixe ferver, reduza o fogo, tampe e cozinhe por cerca de 20 minutos, até a quinoa ficar macia. Retire do fogo, escorra, se necessário, e transfira para uma tigela.

Adicione o feijão, a cebolinha, os tomates e as amêndoas e misture.

Para fazer o molho, coloque o azeite, o suco de limão, o mel (se desejar), o sal e a pimenta em um pote de vidro com tampa de rosca e agite bem até ficar homogêneo. Despeje o molho sobre a salada e misture bem, até que todos os ingredientes estejam cobertos. Sirva com uma salada verde.

NUTRIENTES por porção:
• 543kcal • 22g de proteína • 22g de gordura (3g de saturadas) • 59g de carboidratos (12g de açúcares totais) • 13g de fibra

Como tostar amêndoas

1 Coloque-as em uma frigideira antiaderente em fogo médio, mexendo com frequência até ficarem douradas. OU

2 Preaqueça o forno a 180°C. Espalhe as amêndoas em uma única camada em uma assadeira e leve ao forno por 10-15 minutos, mexendo de vez em quando, até dourarem.

SALADA DE GRÃO-DE-BICO COM PIMENTÕES ASSADOS E NOZES

Adoro as texturas, cores e sabores contrastantes desta salada. É supersaudável também – fornecendo muitas proteínas, carboidratos e fibras. Está igualmente repleta de ômega-3 das nozes – que aceleram a recuperação –, vitamina C, ferro e fitonutrientes.

½ cebola roxa cortada em gomos
½ pimentão vermelho cortado em gomos
1 dente de alho amassado
1 colher de sopa de azeite
400g de grão-de-bico em conserva escorrido e lavado
100g de agrião
50g de nozes levemente tostadas

Para o molho:
1 colher de sopa de azeite extravirgem
2 colheres de chá de vinagre balsâmico
1 dente de alho amassado
½ colher de chá de mostarda Dijon

Rende 2 porções

Preaqueça o forno a 200°C.

Espalhe o pimentão, a cebola roxa e o alho juntos numa assadeira com 1 colher de sopa de azeite e asse por 20-25 minutos, até as bordas começarem a ficar escuras.

Coloque os ingredientes do molho em uma garrafa ou pote de vidro com tampa de rosca e agite até ficar homogêneo. Misture o grão-de-bico, os vegetais assados e o molho.

Arrume o agrião em dois pratos. Disponha a salada de grão-de-bico por cima e espalhe as nozes tostadas.

Sirva com pão crocante depois de um longo treino de resistência, ou com um pouco de queijo cottage ou queijo de cabra depois de uma sessão intensa de força e condicionamento.

NUTRIENTES por porção:
• 482kcal • 16g de proteína • 33g de gordura (4g de saturadas) • 26g de carboidratos (6g de açúcares totais) • 11g de fibra

COMO TOSTAR NOZES

1 Coloque-as em uma frigideira antiaderente em fogo médio, mexendo com frequência até ficarem douradas. OU

2 Preaqueça o forno a 180°C. Espalhe as nozes em uma única camada em uma assadeira e leve ao forno por 8-12 minutos, mexendo de vez em quando, até ficarem levemente douradas.

SALADA MORNA DE LENTILHA
com **ESPINAFRE BABY** e **NOZES**

Lentilhas são uma opção brilhante para obter sua cota diária de ferro. Procure combiná-las a ingredientes ricos em vitamina C, pois isso aumentará a absorção de ferro pelo corpo. Aqui, elas estão lado a lado com tomate e espinafre, boas fontes de vitamina C. As nozes adicionam mais proteína, além de ômega-3 e zinco. Eu gosto de servir esta salada morna, mas é igualmente boa quando fria.

250g de lentilha em conserva escorrida
4 cebolinhas picadas finamente
125g de tomates-cereja cortados ao meio
50g de nozes quebradas em pedaços
Um pequeno punhado de folhas de hortelã grosseiramente picadas
Sal e pimenta-do-reino preta moída na hora
2 punhados de folhas de espinafre baby

Para o molho:
Suco de ½ limão
2 colheres de sopa de azeite extravirgem
1 colher de sopa de vinagre de vinho

* Em vez da versão em conserva, você pode usar 125g de lentilha seca, hidratada e fervida por 30 minutos

Rende 2 porções

Coloque as lentilhas em uma panela com 2 colheres de sopa de água e aqueça por alguns minutos. Escorra e transfira para uma tigela. Misture a cebolinha, os tomates, as nozes e a hortelã picada.

Coloque o suco de limão, o azeite e o vinagre em uma garrafa ou pote de vidro com tampa de rosca e agite. Despeje o molho sobre as lentilhas mornas. Misture delicadamente e tempere com sal com baixo teor de sódio e pimenta.

Arrume as folhas de espinafre baby em uma travessa e disponha a salada de lentilha por cima.

NUTRIENTES por porção:
• 491kcal • 20g de proteína • 30g de gordura (4g de saturadas) • 30g de carboidratos (5g de açúcares totais) • 11g de fibra

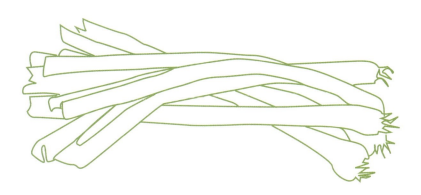

SALADA DE QUEIJO DE CABRA
E **ABACATE** COM **NOZES**

Esta é a minha salada de verão favorita – e superfácil de montar. Está cheia de gorduras monoinsaturadas saudáveis e ômega-3, bom para a recuperação, oferecidos pelo abacate e as nozes.
Adoro a textura leve e quebradiça do queijo de cabra fresco e firme, com uma camada branca e macia, mas você pode usar outras variedades, se preferir.

1 alface-romana com as folhas externas descartadas

1 pimentão vermelho fatiado

1 cenoura ralada

½ pepino pequeno cortado em fatias

2 tomates cortados em quatro

½ abacate pequeno maduro

Sal e pimenta-do-reino preta moída na hora a gosto

100g de queijo de cabra esfarelado

50g de nozes picadas

Para o molho:

1 colher de sopa de limão ou limão-siciliano

1 dente de alho amassado

2 colheres de sopa de azeite extravirgem

Rende 2 porções

Corte as folhas de alface em pedaços de 1cm e coloque-os em uma tigela grande. Adicione o pimentão, a cenoura, o pepino e os tomates. Corte o abacate ao meio, retire o caroço e descasque. Corte-o em cubos de 5mm e acrescente aos outros vegetais.

Coloque os ingredientes do molho em uma garrafa ou pote de vidro com tampa de rosca e agite. Despeje sobre a salada e misture bem. Espalhe o queijo de cabra e nozes picadas por cima.

NUTRIENTES por porção:
• 505kcal • 15g de proteína • 40g de gordura (14g de saturadas) • 16g de carboidratos (15g de açúcares totais) • 10g de fibra

CAPÍTULO 6

PRATOS PRINCIPAIS

1	ENSOPADO PICANTE DE GRÃO-DE-BICO E ESPINAFRE VG	p.98
2	FEIJÃO-MANTEIGA COM ABÓBORA-MANTEIGA E ESPINAFRE VG	p.100
3	HAMBÚRGUER DE GRÃO-DE-BICO	p.101
4	CURRY DE FEIJÃO-PRETO E VEGETAIS COM AMÊNDOAS	p.103
5	PILAF DE LENTILHA E ARROZ VG	p.104
6	ENSOPADO DE QUINOA, GRÃO-DE-BICO E ESPINAFRE VG	p.105
7	TACOS DE FEIJÃO-PRETO COM SALSA PICANTE VG	p.106
8	DHAL DE ABÓBORA-MANTEIGA E ESPINAFRE VG	p.108
9	CURRY DE BATATA-DOCE E GRÃO-DE-BICO COM CASTANHA DE CAJU VG	p.109
10	FALAFEL DE FORNO COM SALSA DE TOMATE VG	p.111
11	RAGU DE LENTILHA E TOMATE	p.112
12	LASANHA DE LENTILHA DE PUY	p.113
13	TAGINE DE GRÃO-DE-BICO E VEGETAIS COM CUSCUZ VG	p.114
14	CAÇAROLA DE LENTILHA, QUINOA E FEIJÃO VG	p.116
15	ENSOPADO DE FEIJÕES VARIADOS E LENTILHA COM COENTRO FRESCO VG	p.116
16	ENSOPADO DE FEIJÃO E TOMATE	p.117
17	HAMBÚRGUER DE FEIJÃO E ESPINAFRE VG	p.118
18	CURRY DE BERINJELA, COUVE-FLOR E FEIJÃO VG	p.119
19	DHAL COM AMÊNDOAS E COENTRO FRESCO VG	p.121
20	PIMENTÕES ASSADOS COM QUINOA E CASTANHA DE CAJU	p.122
21	HAMBÚRGUER DE CASTANHA DE CAJU	p.123
22	GRÃO-DE-BICO COM ESPINAFRE E BATATA VG	p.124
23	PIMENTÕES RECHEADOS COM LENTILHA	p.127
24	TORTA DE LENTILHA VERMELHA (SHEPHERD'S PIE) VG	p.128
25	BOLONHESA COM QUINOA E LENTILHA VG	p.129

*Fritada de batata,
espinafre e queijo de cabra*

26	**HAMBÚRGUER DE NOZES**	p.130
27	**HAMBÚRGUER DE TOFU E GRÃO-DE-BICO**	p.132
28	**HAMBÚRGUER DE GRÃO-DE-BICO E AVELÃ**	p.133
29	**RISOTO DE ABÓBORA-MANTEIGA E ERVILHA COM PARMESÃO E PINOLES**	p.135
30	**MACARRÃO ASSADO COM ESPINAFRE, BRÓCOLIS E NOZES**	p.136
31	**TORTILHA ESPANHOLA DE BATATA-DOCE**	p.137
32	**FRITADA DE BATATA, ESPINAFRE E QUEIJO DE CABRA**	p.138
33	**MACARRÃO COM RATATOUILLE** (VG)	p.140
34	**MACARRÃO ORIENTAL COM TOFU** (VG)	p.141
35	**SALTEADO DE TOFU E VEGETAIS** (VG)	p.143
36	**HAMBÚRGUER DE FEIJÃO-PRETO E TOFU** (VG)	p.144
37	**PILAF PICANTE DE QUINOA E TOFU** (VG)	p.145
38	**KEBABS DE TOFU E VEGETAIS** (VG)	p.146
39	**ASSADO DE RAÍZES E TOFU** (VG)	p.148
40	**O MELHOR ASSADO DE CASTANHAS**	p.149

ENSOPADO PICANTE DE GRÃO-DE-BICO E ESPINAFRE

Quando o tempo começa a esfriar, esta receita é perfeita para uma acalentadora refeição de meio de semana. O grão-de-bico é uma excelente fonte de fibras, proteínas e ferro. Ele também contém fruto-oligossacarídeos, um tipo de fibra que estimula o desenvolvimento das bactérias benéficas do intestino. Aqui, eu combinei o grão-de-bico com espinafre, que é uma fantástica fonte de folato e ferro.

1 colher de sopa de azeite ou óleo de colza
1 cebola pequena picada
1-2 dentes de alho amassados
1 pedaço de 1cm de gengibre fresco, descascado e ralado
½ pimenta-verde finamente picada
½ colher de chá de coentro em pó
½ colher de chá de cominho em pó
¼ de colher de chá de cúrcuma em pó
200g de tomate em lata picado
400g de grão-de-bico escorrido e lavado
125g de espinafre
Sal e pimenta-do-reino preta moída na hora
Um punhado de folhas de coentro frescas picadas
Opcional: 2 colheres de sopa de iogurte grego natural desnatado

Rende 2 porções

Aqueça o óleo em uma panela de fundo triplo e adicione a cebola, o alho, o gengibre, a pimenta-verde, o coentro, o cominho e a cúrcuma. Refogue em fogo médio por 10 minutos, até que a cebola amoleça.

Adicione os tomates e o grão-de-bico. Deixe ferver, reduza o fogo e cozinhe por 10 minutos. Adicione o espinafre e misture até que ele tenha murchado. Retire do fogo, tempere com sal e pimenta e acrescente o coentro fresco.

Sirva com iogurte grego (se desejar) e cuscuz de trigo integral ou arroz integral.

NUTRIENTES por porção:
• 294kcal • 18g de proteína • 10g de gordura (1g de saturadas) • 29g de carboidratos (9g de açúcares totais) • 10g de fibra

FEIJÃO-MANTEIGA COM ABÓBORA-MANTEIGA E ESPINAFRE

Este ensopado é quente e supersaboroso, perfeito para uma noite fria. O feijão é uma fonte fantástica de proteínas, bem como fibra, ferro e zinco. Aqui, eles são combinados ao espinafre para uma dose extra de ferro, ácido fólico e vitamina C, e à abóbora-manteiga, que fornece betacaroteno.

1 colher de sopa de azeite ou óleo de colza
1 cebola pequena picada
1-2 dentes de alho amassados
½ abóbora-manteiga média descascada e picada
200g de tomate em lata picado
125ml de caldo de legumes
½ colher de chá de tomilho seco
400g de feijão-manteiga em conserva escorrido e lavado
125g de espinafre baby
Sal e pimenta-do-reino preta moída na hora
Um pouco de coentro fresco picado
Opcional: queijo ralado, para servir
Rende 2 porções

Aqueça o óleo numa panela antiaderente de fundo triplo, adicione a cebola e refogue em fogo médio por 5 minutos.

Adicione o alho, a abóbora, os tomates picados, o caldo, o tomilho e o feijão. Mexa e espere ferver. Reduza o fogo e cozinhe por 20 minutos, mexendo de vez em quando. Acrescente o espinafre, apague o fogo, tampe e espere 2 minutos. Tempere e acrescente o coentro fresco.

Espalhe o queijo ralado, se desejar, e sirva com batatas recheadas e vegetais verdes, como brócolis ou vagem.

NUTRIENTES por porção:
• 283kcal • 15g de proteína • 7g de gordura (1g de saturadas)
• 33g de carboidratos (12g de açúcares totais) • 15g de fibra

HAMBÚRGUER DE GRÃO-DE-BICO

Este hambúrguer repleto de proteína é uma alternativa deliciosa aos hambúrgueres vegetarianos comprados prontos. Feito principalmente com ingredientes que estão sempre na despensa, ele também é rico em betacaroteno e fibras, e seu preparo leva só 10 minutos. Gosto de adicionar cominho, coentro e páprica, mas fique à vontade para experimentar outras combinações de especiarias e sabores.

400g de grão-de-bico em conserva escorrido
40g de aveia
2 cenouras picadas grosseiramente
½ colher de chá de cada: cominho em pó, coentro em pó e páprica
Sal e pimenta-do-reino preta moída na hora
Um punhado pequeno de coentro fresco picado
1 ovo
2 colheres de sopa de cada: sementes de girassol e sementes de abóbora
Azeite para untar
Rende 8 porções

Preaqueça o forno a 190°C.

Coloque todos os ingredientes, exceto o ovo e as sementes de girassol e abóbora, em um processador de alimentos e processe por cerca de 30 segundos, até ficar completamente homogêneo. Talvez você precise parar para raspar as laterais da tigela durante o processo. Adicione o ovo e processe por mais 10-15 segundos.

Transfira a mistura para uma tigela grande e acrescente as sementes. Modele 8 hambúrgueres e coloque-os em uma assadeira rasa untada. Pincele os hambúrgueres com um pouco de azeite. Leve ao forno por 25-30 minutos, até ficarem dourados e crocantes.

Sirva com uma batata-doce cozida (ou em um pão de hambúrguer integral), com espinafre ou salada de folhas e uma generosa colherada de iogurte grego natural desnatado.

NUTRIENTES por hambúrguer:
• 127kcal • 6g de proteína • 6g de gordura (1g de saturadas) • 11g de carboidratos (2g de açúcares totais) • 4g de fibra

PRATOS PRINCIPAIS **101**

CURRY DE FEIJÃO-PRETO E VEGETAIS COM AMÊNDOAS

Este curry cheio de proteínas é delicioso e muito fácil de fazer. O feijão-preto é rico em proteínas, bem como fibras e ferro. Tanto o iogurte quanto as amêndoas fornecem quantidades importantes de cálcio. Prepare uma quantidade maior e guarde na geladeira por até 3 dias, ou congele por até 3 meses.

1 colher de sopa de azeite ou óleo de colza

1 cebola picada

1 cenoura fatiada

1 batata média descascada e cortada em cubos

½ abóbora-manteiga descascada e cortada em cubos

125g de floretes de brócolis

50g de ervilha congelada

½ colher de chá de cada: cominho, coentro e cúrcuma em pó

1 dente de alho amassado

1 colher de chá de gengibre fresco ralado

200g de tomate em lata picado

400g de feijão-preto em conserva escorrido e lavado

4 colheres de sopa de leite de coco

4 colheres de sopa de iogurte grego natural desnatado

25g de amêndoas moídas

Um pequeno punhado de folhas de coentro frescas picadas

Sal e pimenta-do-reino preta moída na hora

Rende 2 porções

Aqueça o óleo em uma panela grande e adicione a cebola. Refogue suavemente por 5 minutos, até amolecer. Adicione os vegetais, as especiarias, o alho e o gengibre e cozinhe por mais 1 minuto, depois adicione os tomates picados e cerca de 125ml de água. Deixe ferver, reduza o fogo e cozinhe por 10 minutos. Adicione os feijões e cozinhe por mais 2-3 minutos.

Em uma tigela separada, misture o leite de coco, o iogurte e as amêndoas e, em seguida, acrescente a mistura ao curry. Desligue o fogo, tomando cuidado para não ferver, caso contrário o iogurte pode talhar. Acrescente o coentro e tempere com sal e pimenta-do-reino preta moída na hora.

Sirva com arroz integral, chapatti integral ou pão sírio.

NUTRIENTES por porção:
• 592kcal • 26g de proteína • 21g de gordura (7g de saturadas) • 66g de carboidratos (22g de açúcares totais) • 18g de fibra

PILAF DE LENTILHA E ARROZ

Esta é uma das minhas refeições pré-treino favoritas de todos os tempos. A combinação do arroz basmati integral com as lentilhas produz energia por bastante tempo e afasta a fome. A lentilha marrom é particularmente rica em proteínas, ferro e fibras. A couve e o brócolis adicionam ferro, folato e vitamina C extras, tornando este um prato realmente nutritivo.

1 colher de sopa de azeite ou óleo de colza
1 cebola pequena picada
1-2 dentes de alho amassados
125g de arroz basmati integral
125g de lentilha marrom (seca)
600ml de caldo de legumes
75g de couve picada
75g de floretes de brócolis
50g de vagem sem as pontas cortadas em pedaços de 2,5cm
50g de ervilha congelada
1 colher de chá de ervas de Provence secas (ou ervas variadas)
25g de castanha de caju
Opcional: um pouco de parmesão ralado
Sal e pimenta-do-reino preta moída na hora

Rende 2 porções

Aqueça o óleo numa panela grande antiaderente e refogue a cebola por 3-4 minutos. Adicione o alho e refogue por mais 1 minuto. Adicione o arroz basmati, as lentilhas e o caldo de legumes, deixe ferver, reduza o fogo e cozinhe por 20-25 minutos. Não deixe evaporar todo o líquido; adicione mais caldo, se necessário.

Adicione os vegetais e as ervas e continue a cozinhar em fogo brando por mais 7 minutos. Acrescente a castanha de caju, tempere com sal e pimenta e sirva com um pouco de parmesão ralado, se desejar.

NUTRIENTES por porção:
• 647kcal • 28g de proteína • 16g de gordura (3g de saturadas) • 89g de carboidratos (7g de açúcares totais) • 17g de fibra

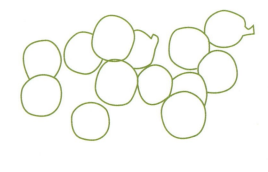

ENSOPADO DE QUINOA, GRÃO-DE-BICO E ESPINAFRE

Esta é uma das minhas maneiras favoritas de cozinhar quinoa. É muito fácil de fazer, pois tudo é preparado em uma só panela. A quinoa contém 1,5 vez mais proteína do que a maioria dos grãos, duas vezes mais ferro, bem como magnésio, cálcio e vitamina B. O prato é rico em proteínas, mas a adição de damasco, espinafre, amêndoas e sementes de abóbora faz dele também uma fantástica fonte de ferro – e o pimentão e o espinafre fornecem vitamina C, para ajudar na absorção do ferro pelo corpo.

1 colher de sopa de azeite ou óleo de colza
1 cebola pequena picada
Uma pitada de canela em pó
3-4 vagens de cardamomo
2 dentes de alho amassados
½ pimentão amarelo picado
1 alho-poró picado
125g de quinoa (seca)
300ml de caldo de legumes ou água
400g de grão-de-bico escorrido
25g de damasco seco
2 punhados de folhas de espinafre baby
25g de amêndoas em lascas tostadas
25g de sementes de abóbora tostadas

Rende 2 porções

Aqueça o azeite em uma panela grande antiaderente e refogue a cebola por 3-4 minutos. Adicione a canela, o cardamomo e o alho e refogue por mais 2 minutos. Adicione o pimentão e o alho-poró e cozinhe por mais 2 minutos.

Adicione a quinoa, o caldo, o grão-de-bico e o damasco. Mexa e deixe ferver. Reduza o fogo e cozinhe por cerca de 20 minutos, até o líquido ser absorvido e a quinoa estar cozida. Acrescente o espinafre e desligue o fogo. Ele irá cozinhar no calor da panela.

Adicione as amêndoas e as sementes de abóbora.

NUTRIENTES por porção:
• 646kcal • 28g de proteína • 26g de gordura (3g de saturadas) • 68g de carboidratos (16g de açúcares totais) • 14g de fibra

O QUE É QUINOA?

Um "pseudogrão", a quinoa é leve e ligeiramente amendoada, com textura semelhante à do cuscuz. Tecnicamente, a quinoa não é um grão, mas sim a semente da espécie *Chenopodium*. É usada como grão e pode substituí-lo devido às suas características de cozimento. Beterraba, espinafre e acelga são todos parentes da quinoa. É rica em proteínas, cálcio e ferro, e uma fonte relativamente boa de vitamina E e de várias vitaminas do complexo B. Contém todos os nove aminoácidos essenciais e é excepcionalmente rica em lisina, cisteína e metionina, tipicamente baixos em outros grãos. É um bom complemento para feijões e lentilhas, que muitas vezes possuem baixo teor de metionina e cisteína.

PRATOS PRINCIPAIS **105**

TACOS DE FEIJÃO-PRETO COM SALSA PICANTE

Tacos são uma ótima comida para compartilhar, então esta receita funciona igualmente bem como um prato para a família ou como uma refeição rápida para dois. O feijão-preto é supernutritivo, rico em proteínas, ferro e fibra, enquanto a salsa está repleta de vitamina C e antioxidantes. Qualquer sobra de salsa pode ser mantida na geladeira por até 3 dias.

4 tacos de milho
400g de feijão-preto em conserva escorrido
2 colheres de chá de azeite
½ colher de chá de cominho em pó
½ colher de chá de páprica
¼ de colher de chá de coentro em pó

Para a salsa:
1 tomate maduro grande sem pele, sem sementes e cortado em cubos pequenos
1 colher de sopa de coentro fresco picado
½ colher de chá de pimenta dedo-de-moça finamente picada (ou a gosto)
1 dente de alho pequeno amassado
1 colher de chá de azeite
¼ de cebola roxa finamente picada
1 colher de sopa de suco de limão-siciliano ou limão
Opcional: 2 colheres de sopa de iogurte grego natural desnatado, para servir

Rende 2 porções

Em uma tigela, misture o feijão, o azeite, o cominho, a páprica e o coentro.

Em outra tigela, prepare a salsa misturando todos os ingredientes.

Aqueça os tacos de acordo com as instruções da embalagem.
Leve os tacos, a mistura de feijão, a salsa e o iogurte (se desejar) à mesa em tigelas separadas e deixe que todos se sirvam. Acompanhe com uma salada de folhas e arroz.

NUTRIENTES por porção:
• 290kcal • 18g de proteína • 13g de gordura (1g de saturadas) • 21g de carboidratos (7g de açúcares totais) • 10g de fibra

DHAL DE ABÓBORA-MANTEIGA E ESPINAFRE

Lentilhas são uma ótima fonte tanto de proteínas quanto de carboidratos, além de fibras e ferro. Um dhal é um prato muito rápido de se preparar e, com vegetais como a abóbora-manteiga e o espinafre, é uma maneira brilhante de obter vitaminas e minerais extras. Você pode adicionar outros vegetais que tiver à mão – alho-poró, couve-flor, abobrinha ou batata-doce também funcionam.

1 cebola pequena picada
1 colher de sopa de azeite ou óleo de colza
1 dente de alho amassado
½ colher de chá de cominho em pó
1 colher de chá de coentro em pó
½ colher de chá de cúrcuma em pó
125g de lentilha vermelha
½ abóbora-manteiga pequena descascada e cortada em cubos
50g de espinafre
25g de castanhas de caju tostadas
Suco de ½ limão
Sal a gosto
Um punhado pequeno de coentro fresco finamente picado

Rende 2 porções

Aqueça o óleo em uma panela de fundo triplo e refogue as cebolas por 5 minutos. Adicione o alho e as especiarias e refogue por mais 1 minuto, mexendo sempre.

Adicione as lentilhas e a abóbora-manteiga e cubra com água até 2,5cm acima. Deixe ferver. Tampe e cozinhe por cerca de 20 minutos. Em seguida, desligue o fogo e acrescente o espinafre. Ele vai murchar e cozinhar no calor da panela.

Acrescente as castanhas de caju, o suco de limão e o sal. Por fim, acrescente o coentro fresco.

Sirva com arroz integral ou chapatti integral.

> **NUTRIENTES por porção:**
> • 413kcal • 20g de proteína • 13g de gordura
> (2g de saturadas) • 50g de carboidratos
> (11g de açúcares totais) • 9g de fibra

CURRY DE BATATA-DOCE E GRÃO-DE-BICO COM CASTANHA DE CAJU

Esta é uma das minhas refeições rápidas preferidas. É deliciosa, altamente nutritiva, simples e reconfortante. Ela fornece muitas proteínas e fibras, juntamente com betacaroteno da batata-doce, e vitamina C, folato e fitonutrientes do brócolis, que protegem contra o câncer. Gosto de adicionar castanha de caju para dar um contraste na textura, assim como aumentar o teor de ferro e de gorduras insaturadas da receita.

1 colher de sopa de azeite ou óleo de colza
1 cebola pequena picada
1-2 dentes de alho amassados
1 colher de sopa de pasta de curry
2 cenouras fatiadas
1 batata-doce pequena descascada e cortada em pedaços de 2cm
125g de floretes de brócolis
400g de grão-de-bico em conserva escorrido e lavado
50g de castanha de caju

Rende 2 porções

Aqueça o óleo em uma panela grande de fundo triplo e refogue a cebola por 4 minutos, ou até ficar translúcida.

Adicione o alho e cozinhe por mais 30-60 segundos.

Acrescente a pasta de curry, as cenouras e a batata-doce e cozinhe por 1 minuto. Adicione aproximadamente 200ml de água quente, tampe e cozinhe por 5 minutos.

Adicione os vegetais restantes e o grão-de-bico e cozinhe por mais 10 minutos, até que os vegetais estejam macios, mexendo ocasionalmente e adicionando um pouco mais de água, se necessário.

Acrescente as castanhas de caju e sirva com arroz basmati integral.

> **NUTRIENTES por porção:**
> • 557kcal • 20g de proteína • 24g de gordura (4g de saturadas) • 57g de carboidratos (18g de açúcares totais) • 17g de fibra

FALAFEL DE FORNO
com SALSA DE TOMATE

Falafel é perfeito para refeições ao ar livre – piqueniques, churrascos –, bem como para um almoço rápido. O grão-de-bico é repleto de proteínas, fibras, ferro, manganês e magnésio. Ele também contém fruto-oligossacarídeos, que estimulam as bactérias benéficas do intestino que facilitam a digestão. Estes falafels são assados, em vez de fritos, então não absorvem óleo.

400g de grão-de-bico em conserva escorrido e lavado
½ cebola finamente picada
1 colher de sopa de coentro fresco picado
1 colher de sopa de hortelã ou salsinha frescas picadas
2 dentes de alho amassados
1 colher de chá de coentro em pó
1 colher de chá de cominho em pó
1 colher de sopa de farinha de grão-de-bico misturada a 2 colheres de sopa (30ml) de água
1 colher de sopa de azeite

Para a salsa:
2 tomates grandes maduros sem pele
¼ de cebola roxa finamente picada
1 colher de sopa de coentro fresco finamente picado
Sal e pimenta-do-reino preta moída na hora
Rende 2 porções (12 falafels aproximadamente)

Preaqueça o forno a 200°C. Unte ligeiramente uma assadeira.

Coloque o grão-de-bico em um liquidificador ou processador de alimentos e processe por alguns segundos. Adicione a cebola, o coentro, a hortelã ou salsinha, o alho, as especiarias, a pasta de farinha e o azeite. Processe por alguns segundos até obter um purê bastante consistente e homogêneo.

Forme bolas de massa do tamanho de uma noz. Deve render aproximadamente 12 unidades. Passe-as ligeiramente na farinha de grão-de-bico. Coloque na assadeira untada e asse em forno preaquecido por cerca de 20 minutos, até dourar, virando uma vez.

Enquanto isso, prepare a salsa. Corte finamente os tomates e misture com a cebola e o coentro. Tempere a gosto. Leve à geladeira para esfriar.

Sirva o falafel assado com a salsa, salada e pão pita integral.

NUTRIENTES por porção:
• 323kcal • 5g de proteína • 11g de gordura (1g de saturadas) • 36g de carboidratos (7g de açúcares totais) • 10g de fibra

RAGU DE LENTILHA E TOMATE

Esta é a minha refeição de final da semana, quando tenho poucos ingredientes frescos e fico revirando a despensa atrás de inspiração. Só é preciso um pacote de lentilhas vermelhas e uma lata de tomates, e se tiver uma cebola, uma cenoura e algumas ervas à mão, você terá uma refeição nutritiva e substancial. Adicione outros vegetais que você tenha em casa – abóbora-manteiga, cogumelos e aipo funcionam bem – e sirva com macarrão.

1 colher de sopa de azeite
1 cebola pequena picada
1 cenoura grande picada
2 talos de aipo picados
1-2 dentes de alho amassados
125g de lentilha vermelha
200g de tomate em lata picado
1 colher de sopa de extrato de tomate
½ colher de chá de cada: orégano seco e tomilho
1 folha de louro
250ml de caldo de legumes
Sal e pimenta-do-reino preta moída na hora
50g de queijo cheddar ralado

Rende 2 porções

Aqueça o azeite em uma panela antiaderente de fundo triplo, adicione a cebola, a cenoura, o aipo e o alho e refogue em fogo médio por 5 minutos.

Adicione as lentilhas, o tomate, o extrato de tomate, as ervas e o caldo. Mexa e deixe ferver. Reduza o fogo e cozinhe por 20-30 minutos, até que as lentilhas e os vegetais estejam macios. Pode ser necessário adicionar um pouco de água no meio do cozimento, se as lentilhas absorverem muito líquido. Tempere com sal e pimenta-do-reino. Espalhe o queijo ralado por cima.

Sirva com macarrão integral cozido.

> **NUTRIENTES por porção:**
> • 432kcal • 24g de proteína • 15g de gordura
> (6g de saturadas) • 45g de carboidratos
> (11g de açúcares totais) • 9g de fibra

112 RECEITAS

LASANHA DE LENTILHA DE PUY

Este é um velho clássico lá em casa. Muitas vezes, faço uma quantidade maior e guardo as sobras na geladeira ou no freezer, para uma providencial refeição quando não tenho tempo ou estou cansada demais para cozinhar. Ela fornece muitas proteínas, além de ferro e vitaminas C e B. Utilizei pimentões e abobrinhas nesta receita, mas você pode adicionar cogumelos, berinjela ou espinafre congelado, se quiser. Muitas vezes, eu substituo as lentilhas por uma lata de feijão-vermelho ou de grão-de-bico para preparar um jantar igualmente nutritivo.

1 colher de sopa de azeite

1 cebola fatiada

2 dentes de alho amassados

1 pimentão vermelho fatiado

1 abobrinha finamente cortada

250g de lentilha de Puy cozida

400g de tomate em lata picado

2 colheres de sopa de extrato de tomate

2 colheres de chá de ervas secas variadas ou ervas de Provence

1 colher de chá de caldo de legumes em pó

200ml de água

6-8 folhas de lasanha

1 colher de sopa de parmesão ralado

Para o molho de queijo:

600ml de qualquer leite de sua preferência

1 colher de sopa de amido de milho

125g de queijo duro ralado, como cheddar

Rende 4 porções

Preaqueça o forno a 180°C.

Aqueça o azeite em uma panela grande antiaderente e refogue a cebola por 5 minutos. Acrescente o alho e o pimentão e refogue por mais 3-4 minutos. Adicione a abobrinha e cozinhe por mais 1 ou 2 minutos. Adicione a lentilha, o tomate, o extrato de tomate, as ervas, o caldo e a água, mexa e deixe cozinhar por 15 minutos.

Prepare o molho de queijo. Em uma jarra medidora, misture o amido de milho com um pouco de leite até dissolver. Despeje em uma panela e adicione o leite restante. Aqueça lentamente, mexendo sempre com uma colher de pau ou batedor. Deixe ferver, reduza o fogo e cozinhe em fogo brando por 1 minuto. Adicione o queijo e mexa até derreter.

Para montar a lasanha, coloque metade da mistura de lentilhas no fundo de uma assadeira, cubra com um terço do molho de queijo e, em seguida, com a metade das folhas de lasanha. Repita duas vezes, terminando com uma camada de molho de queijo. Cubra com o parmesão. Leve ao forno por 20-30 minutos, ou até borbulhar e dourar. Retire do forno e deixe esfriar um pouco antes de servir.

Sirva com uma salada de folhas.

NUTRIENTES por porção:
• 510kcal • 29g de proteína • 17g de gordura
(9g de saturadas) • 59g de carboidratos
(17g de açúcares totais) • 9g de fibra

TAGINE DE GRÃO-DE-BICO E **VEGETAIS** COM **CUSCUZ**

Perfeita para um jantar de reabastecimento num dia de semana, esta tagine de inspiração marroquina, levemente picante, é repleta de proteínas, vitaminas e fibras. Os damascos secos amolecem à medida que o prato cozinha e transmitem sabor e contraste maravilhosos – sem falar na grande quantidade de betacaroteno e ferro. Recomendo preparar com antecedência – os sabores se fundem e realçam. Você pode fazer uma quantidade maior e manter o restante na geladeira por até 3 dias, ou no congelador por até 3 meses.

1 colher de sopa de azeite ou óleo de colza
1 cebola fatiada
1 dente de alho amassado
1 colher de chá de coentro em pó
½ colher de chá de cominho em pó
½ colher de chá de páprica
½ colher de chá de canela em pó
½-1 pimenta dedo-de-moça pequena (opcional)
1 pimentão vermelho cortado em cubos
½ abóbora-manteiga descascada e picada
½ berinjela pequena cortada em cubos
1 abobrinha fatiada
200g de tomate em lata picado
200g de grão-de-bico em conserva escorrido e lavado
150ml de caldo de legumes
75g de damasco seco
Um punhado pequeno de coentro fresco, picado
1 colher de sopa de suco de limão-siciliano
125g de cuscuz de sêmola
125ml de caldo de legumes
125ml de água
Sal e pimenta-do-reino preta moída na hora
Um punhado pequeno de folhas de coentro picadas grosseiramente

Rende 2 porções

Aqueça o azeite em uma panela grande antiaderente. Adicione as cebolas e refogue em fogo brando por 4-5 minutos, mexendo de vez em quando. Adicione o alho, as especiarias e a pimenta e mexa bem. Adicione os vegetais e continue cozinhando por alguns minutos, depois adicione o tomate, o grão-de-bico, o caldo e os damascos. Misture e deixe ferver. Tampe e cozinhe em fogo brando por 15 minutos, ou até que os vegetais estejam macios. Acrescente o coentro fresco e o suco de limão-siciliano.

Enquanto a tagine estiver cozinhando, coloque o cuscuz, o caldo e a água em uma panela e aqueça até ferver. Retire do fogo e deixe descansar por 5 minutos, ou até que todo o líquido seja absorvido. Solte com o garfo e sirva com a tagine.

NUTRIENTES por porção:
• 573kcal • 20g de proteína • 11g de gordura (1g de saturadas) • 87g de carboidratos (31g de açúcares totais) • 20g de fibra

CAÇAROLA DE LENTILHA, QUINOA E FEIJÃO

Esta mistura altamente nutritiva de feijão, lentilhas e quinoa fornece todos os aminoácidos essenciais de que você precisa para uma recuperação rápida após uma sessão intensa de treino. Não é apenas repleta de proteínas, mas também uma boa fonte de ferro e fibras.

1 colher de sopa de azeite
1 cebola picada
½ pimentão vermelho picado
1 dente de alho
Um punhado de tomates-cereja
125g de quinoa
300ml de caldo de legumes ou água
200g de feijão em conserva escorrido
200g de lentilha verde ou marrom em conserva escorrida
200g de tomate em lata picado
Um punhado de coentro fresco picado

Rende 2 porções

Aqueça o azeite em uma panela grande antiaderente e refogue a cebola e o pimentão por 3-4 minutos. Adicione o alho e os tomates e cozinhe por mais 2 minutos.

Adicione a quinoa, o caldo, o feijão, a lentilha e o tomate. Mexa e deixe ferver. Reduza o fogo e cozinhe por cerca de 20 minutos, até o líquido ser absorvido e a quinoa estar cozida. Acrescente o coentro fresco.

Sirva com uma folha escura cozida no vapor, como couve ou espinafre.

> **NUTRIENTES por porção:**
> • 525kcal • 28g de proteína • 12g de gordura (2g de saturadas) • 70g de carboidratos (13g de açúcares totais) • 11g de fibra

....

ENSOPADO DE FEIJÕES VARIADOS E LENTILHA COM COENTRO FRESCO

Feijões e lentilhas são ingredientes que jamais faltam na minha despensa. Sempre os tenho em estoque, para quando quero preparar um jantar a toque de caixa. Eles são verdadeiras usinas de nutrientes, fornecendo fibras e proteínas, vitamina B, ferro, manganês e zinco. Esta receita combina esses dois ingredientes nutritivos com alguns vegetais coloridos, para aumentar o teor de vitaminas.

1 colher de sopa de azeite ou óleo de colza
1 cebola picada
1 pimentão vermelho pequeno cortado em cubos
1 dente de alho amassado

125g de lentilha vermelha
500ml de caldo de legumes
2 cenouras fatiadas
200g de feijões variados em conserva escorridos e lavados

1 colher de sopa de suco de limão-siciliano
Sal e pimenta-do-reino preta moída na hora
Um punhado pequeno de coentro fresco cortado

Rende 2 porções

116 RECEITAS

ENSOPADO DE FEIJÃO E TOMATE

Talvez este seja o ensopado mais rápido do mundo – leva apenas 15 minutos para ficar pronto! Ele funciona como fast-food lá em casa, quando estou sem tempo, mas preciso de inspiração. Outra grande vantagem desta receita é que ela é composta apenas por um punhado de ingredientes da despensa, então é perfeita para quando você não tem muitos ingredientes frescos à mão. Em suma, tudo de que você precisa é uma lata de feijão e outra de tomates picados, mais uma cebola e uma cenoura, tomilho seco e mãos à obra!

1 colher de sopa de azeite ou óleo de colza
1 cebola fatiada
1 dente de alho amassado
1 cenoura cortada em cubos
½ pimentão vermelho cortado em cubos (opcional)
400g de tomate em lata picado
400g de feijão-rajado, vermelho ou branco em conserva escorrido
1 colher de chá de caldo de legumes em pó
1 colher de chá de tomilho seco
2 colheres de sopa de iogurte grego natural desnatado

Rende 2 porções

Aqueça o azeite em uma panela grande antiaderente. Adicione a cebola, o alho, a cenoura e o pimentão e refogue por cerca de 5 minutos, até que os legumes estejam macios.

Adicione o tomate, o feijão, o caldo e o tomilho, mexa e deixe ferver. Cozinhe em fogo baixo por 10 minutos, até que os vegetais estejam cozidos, os sabores tenham se misturado bem e o molho tenha reduzido um pouco.

Sirva com uma colherada de iogurte grego natural desnatado por cima, acompanhado de arroz basmati ou integral e um vegetal verde, como repolho ou brócolis.

> **NUTRIENTES por porção:**
> • 292kcal • 18g de proteína • 7g de gordura
> (1g de saturadas) • 32g de carboidratos
> (16g de açúcares totais) • 13g de fibra

Aqueça o óleo em uma panela de fundo triplo e refogue as cebolas por 5 minutos. Adicione o pimentão vermelho e o alho e refogue por mais 1 minuto, mexendo continuamente.

Adicione as lentilhas, o caldo, a cenoura e os feijões. Deixe ferver. Tampe e cozinhe em fogo baixo por cerca de 25 minutos, depois tempere com sal, pimenta e suco de limão-siciliano. Por fim, acrescente o coentro fresco.

Sirva com quinoa cozida ou arroz integral e uma colherada de iogurte natural (se desejar).

> **NUTRIENTES por porção:**
> • 422kcal • 23g de proteína • 9g de gordura
> (1g de saturadas) • 58g de carboidratos
> (15g de açúcares totais) • 13g de fibra

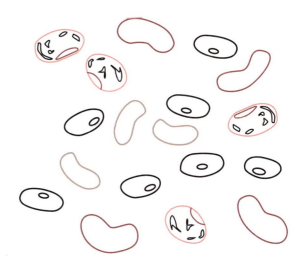

PRATOS PRINCIPAIS

HAMBÚRGUER DE FEIJÃO E ESPINAFRE

Carregados de proteínas, fibras, vitaminas e ferro, estes hambúrgueres são infinitamente mais nutritivos e deliciosos que os hambúrgueres vegetarianos comprados prontos. Esta receita é feita com ingredientes que devem estar sempre na despensa – feijão e milho em conserva – e espinafre congelado. Rende 8 hambúrgueres pequenos, embora eu costume duplicar as quantidades e congelar uma parte.

1 colher de sopa de azeite ou óleo de colza
1 cebola roxa pequena finamente picada
1 dente de alho amassado
1 pimentão vermelho pequeno sem semente e cortado (opcional)
400g de feijão-rajado em conserva, escorrido
125g de milho em conserva, escorrido
100g de espinafre congelado picado (já descongelado)
50g de farinha de rosca integral
½ colher de chá de cominho em pó
1 colher de sopa de coentro fresco picado

Rende 2 porções (8 hambúrgueres aproximadamente)

Preaqueça o forno a 190°C.

Aqueça o óleo em uma frigideira antiaderente. Adicione a cebola, o alho e a pimenta e refogue em fogo médio por 3 minutos, até ficarem macios, mas não dourados.

Coloque o feijão, o milho, o espinafre, a farinha de rosca, o cominho e o coentro em uma tigela grande. Adicione o refogado e amasse até ficar bem homogêneo. Se preferir, bata rapidamente no processador de alimentos. Molde 8 hambúrgueres.

Coloque em uma assadeira untada e pincele os hambúrgueres com azeite. Leve ao forno por 25-30 minutos, até ficarem levemente dourados e crocantes por fora.

Sirva em pão sírio ou de hambúrguer integral, acompanhado de uma salada de folhas.

> **NUTRIENTES por porção (4 hambúrgueres):**
> • 338kcal • 16g de proteína • 8g de gordura (1g de saturadas) • 44g de carboidratos (10g de açúcares totais) • 13g de fibra

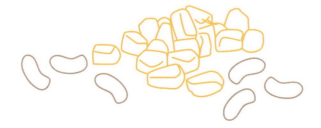

CURRY DE BERINJELA, COUVE-FLOR E FEIJÃO

Eu faço este curry fácil pelo menos duas vezes por mês, embora varie os vegetais dependendo do que estiver disponível e da minha vontade. A couve-flor é uma fonte fantástica de vitamina C – um quarto de uma couve-flor pequena (a quantidade utilizada nesta receita) oferece 43mg, toda a sua necessidade diária. A berinjela contém nasunina, um potente antioxidante que protege os ácidos graxos necessários à função cerebral.

1 colher de sopa de azeite ou óleo de colza
1 cebola picada
1 dente de alho amassado
1 colher de sopa de pasta de curry
½ berinjela cortada em pedaços de 2,5cm
¼ de abóbora-manteiga descascada e cortada em cubos
½ couve-flor pequena separada em floretes
200g de tomate em lata picado
400g de feijão-vermelho escorrido e lavado
200ml de água
Sal e pimenta-do-reino preta moída na hora
Um punhado de folhas de coentro fresco picadas

Rende 2 porções

NUTRIENTES por porção:
• 348kcal • 17g de proteína • 10g de gordura (1g de saturadas) • 39g de carboidratos (17g de açúcares totais) • 19g de fibra

Aqueça o óleo em uma panela grande, adicione as cebolas e refogue em fogo médio por 3 minutos, até que as cebolas amoleçam. Adicione o alho e a pasta de curry e refogue por mais 1 minuto. Adicione a berinjela, a abóbora e a couve-flor e continue a cozinhar por mais 5 minutos.

Adicione os tomates, o feijão-vermelho e a água. Deixe ferver, em seguida reduza o fogo e cozinhe por 10-15 minutos, até que os vegetais estejam macios.

Tempere com sal e pimenta. Acrescente o coentro fresco apenas na hora de servir. Acompanhe com chapatti integral ou roti (pão indiano achatado e redondo).

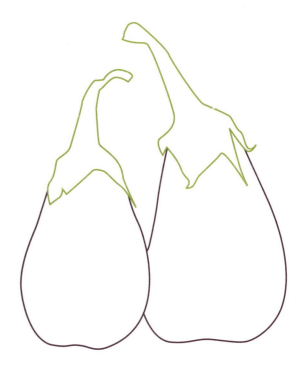

DHAL COM AMÊNDOAS E COENTRO FRESCO

Dhal – um ensopado de lentilhas – é reconfortante, cheio de sabor e de nutrientes. Esta receita é incrivelmente fácil de fazer e só requer especiarias e ingredientes da despensa. Basicamente, você apenas despeja tudo na panela e deixa cozinhar. Com alto teor de fibras e proteínas e repleto de vitaminas, é perfeito para o reabastecimento após um treino intenso.

1 colher de sopa de azeite
1 cebola picada
1 dente de alho amassado
½ colher de chá de cominho em pó
1 colher de chá de coentro em pó
125g de lentilha vermelha
400ml de caldo de legumes
2 cenouras cortadas em cubos
125g de ervilha congelada
1 colher de sopa de suco de limão-siciliano
Sal a gosto
Um punhado pequeno de coentro fresco finamente picado
50g de amêndoas picadas grosseiramente e tostadas

Rende 2 porções

Aqueça o azeite em uma panela de fundo triplo e refogue as cebolas por 5 minutos. Adicione o alho e as especiarias e continue cozinhando por mais 1 minuto.

Adicione a lentilha, o caldo e a cenoura. Deixe ferver. Tampe e cozinhe por cerca de 20 minutos, adicionando as ervilhas 5 minutos antes do final do cozimento.

Acrescente o suco de limão-siciliano e o sal. Por fim, misture o coentro fresco e as amêndoas. Sirva com chapatti integral ou arroz.

> **NUTRIENTES por porção:**
> • 537kcal • 26g de proteína • 21g de gordura (2g de saturadas) • 53g de carboidratos (14g de açúcares totais) • 14g de fibra

PRATOS PRINCIPAIS

PIMENTÕES ASSADOS COM QUINOA E CASTANHA DE CAJU

Pimentões vermelhos e quinoa são parceiros perfeitos neste prato. Os pimentões são uma fonte fantástica de vitamina C (eles contêm mais que o dobro da laranja), o que aumenta a absorção do ferro contido na quinoa. Ao contrário da crença popular, a quinoa não é um grão – é, na verdade, uma semente. Ao contrário dos grãos, porém, que não possuem os aminoácidos essenciais lisina e isoleucina, ela contém quantidades significativas de todos os aminoácidos, e daí se explica sua popularidade com os vegetarianos!

2 pimentões vermelhos
1 colher de sopa de azeite
1 cebola pequena picada
2 dentes de alho amassados
125g de quinoa
1 colher de sopa de salsinha fresca picada
300ml de caldo de legumes (1 colher de chá de caldo em pó concentrado dissolvido em água quente)
50g de castanhas de caju tostadas
6 tomates-cereja, cortados ao meio
50g de queijo feta

Rende 2 porções

Aqueça o forno a 190°C.

Corte os pimentões ao meio e retire as sementes. Pincele com um pouco de azeite e coloque-os em uma assadeira alta, com o lado da pele para baixo.

Refogue a cebola e o alho no azeite por 5 minutos. Adicione a quinoa, a salsinha e o caldo. Deixe ferver, cozinhe em fogo brando por 20 minutos ou até a quinoa estar macia. Acrescente as castanhas de caju e os tomates-cereja. Recheie as metades dos pimentões com a quinoa e espalhe o queijo feta em pedaços por cima. Cubra a assadeira firmemente com papel-alumínio e leve ao forno por 45 minutos, até que os pimentões estejam macios. Sirva com uma salada de folhas.

NUTRIENTES por porção:
• 523kcal • 20g de proteína • 27g de gordura (7g de saturadas) • 48g de carboidratos (15g de açúcares totais) • 5g de fibra

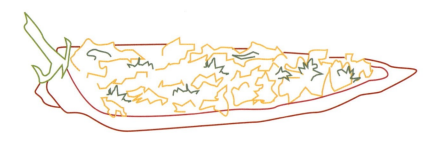

HAMBÚRGUER DE CASTANHA DE CAJU

Este hambúrguer é tão incrível que você pode usar como um substituto para o hambúrguer de carne, seja como sanduíche, seja simplesmente servido com salada e arroz ou batatas recheadas. Delicadamente doce e ao mesmo tempo crocante, a castanha de caju está carregada de gorduras monoinsaturadas saudáveis para o coração, proteínas, fibras, ferro, magnésio e vários fitoquímicos bons para a saúde.

200g de castanha de caju

1 cebola picada

1 cenoura picada

2 dentes de alho amassados

1 colher de sopa de azeite ou óleo de colza

175g de farinha de rosca integral

3 colheres de sopa de coentro fresco ou salsinha fresca picados

2 ovos

1 colher de sopa de farinha de trigo

Sal e pimenta-do-reino preta moída na hora a gosto

¼ de colher de chá de cominho em pó

Rende 8 hambúrgueres

Preaqueça o forno a 190°C.

Coloque as castanhas no processador de alimentos e bata até que estejam grosseiramente picadas.

Refogue a cebola, a cenoura e o alho numa frigideira antiaderente com o azeite por 5-6 minutos, até ficarem macios.

Coloque a castanha, o refogado e os ingredientes restantes em uma tigela grande e misture até ficar homogêneo. Verifique o tempero.

Com as mãos, divida a mistura em oito partes e molde os hambúrgueres, com aproximadamente 8cm de diâmetro e 1,5cm de espessura. Coloque-os em uma assadeira baixa forrada com papel-manteiga antiaderente. Leve ao forno por 20-25 minutos até ficarem crocantes e dourados. Sirva com uma salada e arroz integral ou batatas recheadas.

> **NUTRIENTES por hambúrguer:**
> • 197kcal • 7g de proteína • 15g de gordura (3g de saturadas) • 8g de carboidratos (3g de açúcares totais) • 2g de fibra

GRÃO-DE-BICO com ESPINAFRE e BATATA

Grão-de-bico (rico em proteínas) e espinafre (rico em ferro) são uma das minhas combinações favoritas – eu provavelmente os colocaria em todas as minhas refeições, se deixassem! Aqui, juntei-os às batatas para aumentar o teor de carboidratos, bons para se você for se exercitar à noite ou até mesmo no dia seguinte.

1 colher de sopa de azeite ou óleo de colza
1 cebola picada
1 dente de alho amassado
1 pimentão vermelho sem sementes picado
2 batatas médias, descascadas e cortadas em pedaços de 2cm
400g de tomate em lata picado
250ml de caldo de legumes
400g de grão-de-bico em conserva escorrido e lavado
125g de espinafre fresco lavado e aparado
Opcional: 50g de queijo cheddar ralado

Rende 2 porções

Aqueça o óleo em uma panela antiaderente, adicione a cebola, o alho e o pimentão vermelho e refogue em fogo médio por 5 minutos.

Adicione as batatas, o tomate, o caldo e o grão-de-bico, misture e, em seguida, deixe ferver. Reduza o fogo e cozinhe por 20 minutos, mexendo de vez em quando.

Acrescente o espinafre, tampe e deixe cozinhar por alguns minutos, até o espinafre murchar. Adicione o queijo ralado, se desejar, na hora de servir.

> **NUTRIENTES por porção (com queijo):**
> • 557kcal • 24g de proteína • 19g de gordura (7g de saturadas) • 63g de carboidratos (15g de açúcares totais) • 17g de fibra

PIMENTÕES RECHEADOS COM LENTILHA

Não existe forma mais saborosa de obter sua cota diária de vitamina C do que este prato superfácil. Gosto de usar pimentões romanos, porque sua polpa mais fina faz com que cozinhem mais rápido do que os pimentões comuns, mas ambos funcionam igualmente bem. Aqui, eles são recheados com lentilhas cozidas e queijo de cabra, o que significa que eles ficam repletos de fibras, proteínas e ferro. Você pode substituir o queijo de cabra por queijo feta.

2 colheres de sopa de azeite

1 cebola pequena picada

1-2 dentes de alho amassados

250g de lentilha de Puy ou beluga cozida

75g de tomates-cereja cortados ao meio

50g de queijo de cabra esfarelado

2 pimentões vermelhos

Algumas folhas de manjericão frescas rasgadas grosseiramente

Rende 2 porções

Aqueça o forno a 190°C.

Aqueça 1 colher de sopa de azeite em uma panela de fundo triplo e refogue as cebolas por 5 minutos. Adicione o alho e refogue por mais 1 minuto. Acrescente a lentilha, o tomate e o queijo de cabra e retire do fogo.

Corte os pimentões ao meio no sentido do comprimento, mantendo o caule, e retire as sementes. Pincele com o azeite remanescente e coloque-os em uma assadeira alta, com o lado da pele virado para baixo. Recheie as 4 metades de pimentão com a mistura de lentilhas. Cubra frouxamente com papel-alumínio.

Leve ao forno por 20-25 minutos, ou até que os pimentões estejam macios. Espalhe as folhas de manjericão por cima. Sirva com uma salada de folhas e cuscuz integral.

> NUTRIENTES por porção:
> • 447kcal • 21g de proteína • 20g de gordura (7g de saturadas) • 40g de carboidratos (14g de açúcares totais) • 12g de fibra

TORTA DE LENTILHA VERMELHA (SHEPHERD'S PIE)

Torta de batata é uma receita que equilibra com perfeição o saudável e o reconfortante. Eu uso batata-doce para a cobertura, pois ela é mais rica em betacaroteno do que a batata-inglesa e, portanto, mais nutritiva. O recheio de lentilhas e vegetais fornece muitas proteínas, vitaminas e minerais. Usei cenouras, abóbora, pimentão e abobrinha, mas você pode experimentar com diferentes vegetais.

1 colher de sopa de azeite
1 cebola picada
2 dentes de alho amassados
2 cenouras grandes picadas
½ abóbora-manteiga descascada e picada
1 pimentão vermelho picado
2 abobrinhas picadas
2 colheres de sopa de tomilho fresco picado (ou 2 colheres de chá do seco)
250g de lentilha vermelha
750ml de caldo de legumes (3 colheres de chá de caldo em pó concentrado ou 3 tabletes dissolvidos em água quente)
400g de tomate em lata picado
3 colheres de sopa de extrato de tomate
1kg de batata-doce descascada e cortada em pedaços
2 colheres de sopa de azeite
Sal e pimenta-do-reino preta moída na hora

Rende 4 porções

Preaqueça o forno a 190°C.

Aqueça o azeite em uma panela grande e refogue a cebola e o alho por 3-4 minutos, até que amoleçam. Acrescente a cenoura, a abóbora, o pimentão e a abobrinha e cozinhe por 10 minutos. Se começar a grudar, adicione um pouco de água.

Adicione as lentilhas, o caldo, o tomate e o extrato de tomate e misture. Tampe e deixe cozinhar em fogo brando por cerca de 20-25 minutos, até as lentilhas ficarem macias, mexendo de vez em quando. Adicione um pouco mais de caldo, se achar necessário.

Enquanto isso, ferva as batatas-doces por 15-20 minutos até ficarem macias. Escorra e amasse-as com o azeite, o sal e a pimenta.

Coloque a mistura de lentilhas em uma travessa refratária, cubra com o purê e leve ao forno até o purê começar a ficar crocante e dourado nas bordas, cerca de 20 minutos. Sirva com brócolis e vagem.

> **NUTRIENTES por porção:**
> • 642kcal • 23g de proteína • 11g de gordura (2g de saturadas) • 104g de carboidratos (30g de açúcares totais) • 19g de fibra

BOLONHESA COM QUINOA E LENTILHA

Esta fabulosa versão vegetariana de espaguete à bolonhesa é ainda mais nutritiva, substituindo o macarrão pela quinoa. A quinoa contém os nove aminoácidos essenciais, aumentando assim o teor geral de proteína da refeição. As lentilhas marrons são uma fantástica fonte de fibras, proteínas, ferro e magnésio.

1 colher de sopa de azeite ou óleo de colza
1 cebola picada
1-2 dentes de alho amassados
1 cenoura grande cortada em cubos
1 abobrinha cortada em cubos
125g de lentilha marrom ou de Puy seca
400ml de caldo de legumes (ou 2 colheres de chá de caldo em pó concentrado dissolvido em água quente)
200g de tomate em lata picado
1 colher de sopa de extrato de tomate
1 colher de chá de ervas secas
125g de quinoa
Opcional: queijo ralado
Rende 2 porções

Aqueça o azeite em uma panela grande e refogue a cebola por 3-4 minutos, até que amoleça. Adicione o alho, a cenoura e a abobrinha e refogue por mais 2-3 minutos. Acrescente a lentilha, o caldo, o tomate e o extrato de tomate e misture. Deixe ferver, tampe e cozinhe em fogo brando por cerca de 30 minutos, até que as lentilhas estejam macias, mas sem desmanchar, e o molho tenha engrossado. Adicione um pouco mais de água ou caldo, se começar a grudar no fundo da panela.

Enquanto isso, cozinhe a quinoa em 350ml de água por 20 minutos, até ficar macia. Tempere com sal e pimenta-do-reino. Sirva-a em tigelas e cubra com o molho de lentilhas e um pouco de queijo ralado, se quiser. Sirva com brócolis cozido no vapor.

NUTRIENTES por porção:
• 542kcal • 28g de proteína • 11g de gordura (1g de saturadas) • 77g de carboidratos (17g de açúcares totais) • 14g de fibra

PRATOS PRINCIPAIS **129**

HAMBÚRGUER DE NOZES

Este hambúrguer é extremamente fácil de fazer se você tiver um processador de alimentos. As nozes são ricas em óleos ômega-3, que são importantes para a entrega de oxigênio durante o exercício e também para acelerar a recuperação. Elas também fornecem proteína, ferro, vitamina E e zinco. Substitua a berinjela por cogumelos, se preferir. Esta receita rende oito hambúrgueres. Assim, se você não for consumir todos, congele o restante (por até 3 meses) para outra refeição.

1 colher de sopa de azeite ou óleo de colza

1 cebola pequena finamente picada

1 talo de aipo finamente picado

1 dente de alho amassado

¼ de berinjela finamente picada

175g de nozes

75g de pão integral

Alguns raminhos de alecrim fresco (ou 1 colher de chá de alecrim seco)

1 colher de chá de extrato de levedura dissolvido em 2 colheres de sopa de água fervente (ou a gosto)

Sal e pimenta-do-reino preta moída na hora

2 ovos

Rende 8 hambúrgueres

Preaqueça o forno a 190°C.

Aqueça o óleo em uma panela de fundo triplo e refogue a cebola por 2-3 minutos. Adicione o aipo, o alho e a berinjela e cozinhe por 5 minutos, até ficarem macios.

Coloque as nozes em um processador de alimentos e bata até que estejam finamente trituradas. Adicione o pão e processe por alguns segundos, até que se transforme em farinha de rosca. Adicione a mistura de cebola cozida, o alecrim, o extrato de levedura, o sal e a pimenta-do-reino. Processe até que fique homogêneo. Adicione os ovos e bata até ficar firme. Se estiver muito úmido, adicione mais um pouco de pão.

Molde 8 hambúrgueres de 1½cm de espessura e coloque em uma assadeira rasa untada. Leve ao forno por 20-25 minutos, até ficarem crocantes e dourados.

Sirva com batata-doce cozida, um vegetal verde (como brócolis ou couve) e fatias de abóbora-manteiga (coloque em uma assadeira, pincele com azeite e asse no forno por 20 minutos, enquanto prepara os hambúrgueres).

NUTRIENTES por hambúrguer:
• 216kcal • 7g de proteína • 18g de gordura
(2g de saturadas) • 6g de carboidratos
(2g de açúcares totais) • 2g de fibra

HAMBÚRGUER DE TOFU E GRÃO-DE-BICO

Estes deliciosos hambúrgueres cheios de proteína são igualmente bons quentes ou frios. Eu usei amêndoas, mas você pode usar castanhas de caju ou até avelãs, se preferir. Você também pode aumentar ou diminuir a quantidade de especiarias, ao seu gosto. Muitas vezes faço uma leva para congelar e reaquecer depois, quando estou sem tempo.

200g de batata-inglesa cozida picada
50g de amêndoas moídas (ou outra oleaginosa)
250g de tofu
400g de grão-de-bico em conserva escorrido e lavado
1-2 dentes de alho amassados
½ cebola pequena picada
25g de tomate seco picado finamente
75g de queijo cheddar ralado
1 ovo
½ colher de chá de cominho em pó
½ colher de chá de coentro em pó
¼ de colher de chá de pimenta-caiena
Sal e pimenta-do-reino preta moída na hora

Rende 8 hambúrgueres

Preaqueça o forno a 190°C.

Coloque todos os ingredientes, exceto o ovo, em um processador de alimentos ou liquidificador e processe por 5-10 segundos. A mistura deve se manter espessa. Se preferir, misture tudo com um garfo grande. Adicione o ovo e processe por mais alguns segundos, até misturar bem. Molde 8 hambúrgueres com as mãos.

Coloque-os em uma assadeira rasa forrada com papel-manteiga antiaderente. Leve ao forno por 20-25 minutos, até ficarem crocantes e dourados. Sirva com batata-doce cozida e salada de folhas.

NUTRIENTES por hambúrguer:
• 192kcal • 12g de proteína • 11g de gordura (3g de saturadas) • 10g de carboidratos (1g de açúcares totais) • 4g de fibra

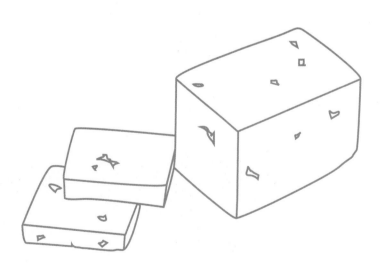

HAMBÚRGUER DE GRÃO-DE-BICO E AVELÃ

Estes hambúrgueres saborosos não são apenas cheios de sabor, mas também repletos de proteínas, fibras, vitaminas e minerais – o combustível perfeito para atletas! Recomendo tostar as avelãs primeiro, pois isso dá um sabor mais intenso, mas se você tiver pouco tempo basta ignorar esse passo. Prefiro assar os hambúrgueres, mas você também pode prepará-los em uma frigideira ou churrasqueira.

75g de avelãs
75g de amêndoas
400g de grão-de-bico em conserva escorrido e lavado
½ colher de chá de cominho em pó
¼ de colher de chá de páprica
½ colher de chá de raspas de limão
2 colheres de sopa de coentro fresco picado
1 ovo levemente batido
1 colher de sopa de farinha de trigo
Rende 8 hambúrgueres

Preaqueça o forno a 190°C.

Primeiro, toste as avelãs e as amêndoas, espalhando-as numa assadeira em uma camada única e levando ao forno por cerca de 10 minutos. Misture ou revolva-as de vez em quando e verifique regularmente, para se certificar de que não queimem.

Coloque as avelãs e amêndoas em um processador de alimentos e processe por cerca de 30 segundos, até ficarem picadas grosseiramente. Adicione o grão-de-bico, o cominho e a páprica e processe até ficar homogêneo.

Transfira a mistura para uma tigela grande e acrescente as raspas de limão, o coentro, o ovo e a farinha. Molde 8 hambúrgueres e coloque-os em uma assadeira rasa untada. Pincele-os com um pouco de azeite. Leve ao forno por 25-30 minutos, até ficarem crocantes e dourados por fora.

Sirva com batata-doce cozida (ou num pão de hambúrguer integral) e espinafre ou com uma salada de folhas e uma colherada generosa de iogurte grego natural desnatado.

> NUTRIENTES por hambúrguer:
> • 175kcal • 7g de proteína • 13g de gordura
> (1g de saturadas) • 6g de carboidratos
> (1g de açúcares totais) • 4g de fibra

PRATOS PRINCIPAIS 133

RISOTO DE ABÓBORA-MANTEIGA E ERVILHA COM PARMESÃO E PINOLES

Esta é uma refeição de reabastecimento perfeita para depois de um longo treino.
Contém uma proporção de carboidratos e proteínas de 4:1, e assim vai reabastecer as
reservas de glicogênio nos músculos, além de promover a rápida recuperação muscular.
O feijão e a ervilha contêm altos níveis de proteína e fibra, enquanto os pinoles
fornecem óleos ômega-3, que também promovem a recuperação.

1 colher de sopa de azeite ou óleo de colza

1 cebola pequena picada

¼-½ pimenta dedo-de-moça finamente picada (opcional)

1-2 dentes de alho amassados

125g de arroz arbório (próprio para risoto)

½ abóbora-manteiga pequena descascada e cortada em cubos de 2cm

400-600ml de caldo de legumes quente (ou 1½ colher de chá de caldo em pó concentrado, dissolvido em água fervente)

200g de feijão-vermelho em conserva

125g de ervilha congelada

25g de queijo parmesão ralado na hora

25g de pinoles

Pimenta-do-reino preta moída na hora

Rende 2 porções

Aqueça o azeite em uma panela de fundo triplo e refogue a cebola em fogo médio, mexendo com frequência, por cerca de 3 minutos. Adicione a pimenta e o alho e refogue por mais 1 minuto.

Adicione o arroz e refogue por mais 1-2 minutos, mexendo constantemente, até que os grãos estejam translúcidos e revestidos de óleo.

Adicione a abóbora e metade do caldo quente e espere ferver. Reduza o fogo e mexa suavemente, até que o líquido seja absorvido (cerca de 5 minutos). Adicione o caldo restante, uma concha por vez, mexendo sempre, e cozinhe até que o arroz esteja quase macio (cerca de 15 minutos). Adicione o feijão-vermelho e a ervilha e cozinhe por mais 5 minutos. O tempo total de cozimento deve ser de cerca de 25 minutos.

Tire a panela do fogo. Acrescente o parmesão ralado e os pinoles e tempere com bastante pimenta-do-reino.

Sirva com lascas de parmesão e mais pimenta-do-reino.

NUTRIENTES por porção:
• 613kcal • 21g de proteína • 20g de gordura
(4g de saturadas) • 81g de carboidratos
(11g de açúcares totais) • 14g de fibra

MACARRÃO ASSADO com ESPINAFRE, BRÓCOLIS e NOZES

Esta versão supersaudável de *mac'n'cheese* com adição de vegetais frescos e nozes rende uma rápida refeição de meio de semana. O brócolis e o espinafre aumentam o teor de ferro, vitamina C e folato da receita, enquanto as nozes fornecem ômega-3 para promover uma recuperação muscular mais rápida após o exercício.

125g de massa curta

225ml mais 4 colheres de sopa de leite de sua preferência

1 colher de sopa bem cheia de amido de milho

50g de queijo cheddar maduro ralado

Sal e pimenta-do-reino moída na hora

125g de espinafre

125g de floretes de brócolis

50g de nozes

Queijo cheddar extra ralado, para a cobertura

Rende 2 porções

Cozinhe a massa de acordo com as instruções da embalagem.

Aqueça o leite em uma panela antiaderente até ficar quente, mas sem ferver. Enquanto isso, misture o amido de milho com as 4 colheres de sopa de leite para formar uma pasta e em seguida adicione à panela. Mexa continuamente até começar a engrossar. Retire do fogo e acrescente o queijo cheddar ralado, o sal e a pimenta.

Em outra panela, cozinhe o brócolis por 4-5 minutos até ficar macio, escorra e adicione o espinafre. Deixe descansar por 1-2 minutos – o calor do brócolis vai fazer murchar o espinafre.

Escorra a massa e, em seguida, misture a ela o molho de queijo, o brócolis, o espinafre e as nozes. Transfira para uma travessa refratária e espalhe um pouco mais de queijo por cima. Coloque no grill do forno por 5 minutos, ou até o queijo derreter e começar a dourar. Sirva com uma salada de folhas.

> NUTRIENTES por porção:
> • 654kcal • 28g de proteína • 30g de gordura
> (9g de saturadas) • 63g de carboidratos
> (10g de açúcares totais) • 8g de fibra

TORTILHA ESPANHOLA DE BATATA-DOCE

A tortilha espanhola é basicamente uma combinação de ovos, batata e vegetais. A receita tradicional usa uma grande quantidade de azeite, mas minha versão utiliza menos, por isso é mais baixa em calorias, e usa batata-doce em vez de batata-inglesa, pois ela contém níveis significativos de betacaroteno e duas vezes mais vitamina C. Este prato rende uma ótima refeição de recuperação, uma vez que fornece uma proporção perfeita de carboidratos e proteínas para promover a rápida recuperação muscular.

200g de batata-doce (de tamanho médio) descascada e fatiada
4 ovos
Sal e pimenta-do-reino preta moída na hora
1 colher de chá de tomilho fresco picado
Uma pitada de páprica
100g de folhas de espinafre baby
1 colher de sopa de azeite
1 cebola pequena cortada em fatias finas
½ pimentão vermelho sem sementes fatiado
1 dente de alho amassado
Um punhado pequeno de salsinha fresca picada

Rende 2 porções

Descasque a batata-doce e corte em fatias de 5mm. Cozinhe no vapor ou em água fervente por 5-6 minutos até ficar macia. Escorra e reserve.

Em uma tigela, bata ligeiramente os ovos e acrescente sal e pimenta, o tomilho, a páprica e o espinafre.

Preaqueça o grill do forno na temperatura média.

Aqueça o azeite em uma frigideira que vá ao forno e refogue a cebola, o pimentão e o alho em fogo médio por 5 minutos, ou até amolecerem.

Adicione a batata-doce e cozinhe por mais 1 minuto.

Despeje a mistura de ovos e espinafre e cozinhe em fogo baixo por 4-5 minutos, até que o ovo comece a cozinhar. Transfira para o forno e cozinhe por 2-3 minutos no grill, ou até que a superfície da tortilha esteja dourada e o centro, cozido.

Deslize a tortilha em um prato, espalhe a salsinha por cima e corte. Sirva com uma salada de folhas.

> **NUTRIENTES por porção:**
> • 341kcal • 16g de proteína • 17g de gordura (4g de saturadas) • 27g de carboidratos (11g de açúcares totais) • 6g de fibra

FRITADA DE BATATA, ESPINAFRE E QUEIJO DE CABRA

Esta receita é carregada de proteína – essencial para reparar o tecido muscular após o exercício intenso –, bem como repleta de ferro e vitamina C do espinafre. A batata adiciona carboidrato para reabastecer as reservas de glicogênio nos músculos. Você pode substituir o queijo de cabra por outro tipo, como cheddar ou cottage.

1 batata (175g) descascada e cortada em fatias grossas

4 ovos grandes

Sal e pimenta-do-reino preta moída na hora

Um pouco de noz-moscada ralada

125g de espinafre baby

50g de queijo de cabra macio picado

2 colheres de chá de azeite

1 cebola picada

1 dente de alho amassado

Rende 2 porções

Cozinhe as fatias de batata no vapor ou em água fervente por 5 minutos, até ficarem macias.

Bata os ovos em uma tigela grande e tempere com sal, pimenta-do-reino e noz-moscada. Acrescente a batata, o espinafre e o queijo de cabra.

Aqueça o azeite em uma frigideira antiaderente, adicione a cebola e refogue por 4-5 minutos, até que esteja macia. Adicione o alho e cozinhe por mais 1 minuto. Despeje a mistura da fritada e cozinhe em fogo médio por alguns minutos, até que os ovos estejam quase completamente cozidos. Coloque a panela no grill quente do forno, até a superfície ficar dourada e completamente cozida.

Passe uma faca ao redor da borda e deslize a fritada para uma travessa grande. Sirva em fatias com uma salada de folhas.

> NUTRIENTES por porção:
> • 363kcal • 22g de proteína • 21g de gordura (8g de saturadas) • 19g de carboidratos (4g de açúcares totais) • 4g de fibra

MACARRÃO com RATATOUILLE

Se você estiver preso ao hábito de comer macarrão com molho de tomate praticamente todas as noites, experimente esta variação fácil de fazer. Ao adicionar um pouco de pimentão, berinjela e abobrinha, você pode transformar seu jantar tradicional de meio de semana em algo muito mais nutritivo e saboroso. Esta receita leva mais vegetais do que macarrão, por isso é repleta de fitonutrientes, fibras e vitamina C.

1 colher de sopa de azeite
1 cebola pequena picada
½ pimentão vermelho e ½ pimentão amarelo fatiados
1 dente de alho amassado
½ berinjela cortada em cubos de 2½cm
1 abobrinha pequena fatiada
200g de tomate em lata picado
Sal e pimenta-do-reino preta moída na hora
Um punhado pequeno de ervas frescas, como salsinha, orégano, tomilho e manjericão, picadas (ou ½ colher de chá de secas)
125g de macarrão integral
Opcional: 50g de queijo ralado
Rende 2 porções

Aqueça o azeite em uma panela grande antiaderente. Adicione a cebola e os pimentões e refogue em fogo brando por 5 minutos. Acrescente o alho, a berinjela, a abobrinha e o tomate. Misture, tampe e cozinhe em fogo baixo por 20-25 minutos, até que todos os vegetais estejam macios, adicionando um pouco mais de água, se necessário. Tempere a gosto com sal e pimenta-do-reino e misture a salsinha picada.

Enquanto isso, cozinhe a massa em água fervente de acordo com as instruções da embalagem. Escorra.

Misture-a com a ratatouille e espalhe o queijo ralado por cima, se desejar.

> **NUTRIENTES por porção:**
> • 470kcal • 19g de proteína • 17g de gordura (7g de saturadas) • 53g de carboidratos (15g de açúcares totais) • 14g de fibra

140 RECEITAS

MACARRÃO ORIENTAL COM TOFU

Este prato de macarrão superfácil é repleto de fitonutrientes, incluindo glucosinolatos (no repolho), que possuem propriedades anticancerígenas e muita vitamina C. O tofu adiciona proteína e cálcio. Como tudo é cozido em fogo alto em uma panela wok, leva menos de 15 minutos do início ao fim. Perfeito para quando você acabou de voltar do treino e precisa comer rápido!

Suco de 1 limão (ou limão-siciliano)
2 colheres de sopa de água
2 colheres de sopa de molho de soja
2 dentes de alho amassados
200g de tofu firme em cubos
175g de soba ou macarrão de arroz
1 colher de sopa de azeite ou óleo de gergelim
1 pedaço de 2,5cm de gengibre fresco picado
4 cebolinhas picadas
125g de repolho verde cortado em fatias finas
125g de ervilha-torta

Rende 2 porções

Misture o suco de limão, a água, o molho de soja e metade do alho em uma tigela pequena. Adicione o tofu, misture para revesti-lo com a marinada e deixe descansar por 30 minutos.

Cozinhe o macarrão em uma panela de acordo com as instruções da embalagem. Escorra.

Aqueça o óleo em uma wok e salteie o restante do alho e o gengibre por 1 minuto. Adicione a cebolinha, o repolho e a ervilha-torta e salteie por 2 minutos. Escorra o tofu, reservando a marinada, e adicione à wok, juntamente com o macarrão escorrido. Despeje a marinada reservada sobre o macarrão e os vegetais. Cozinhe por mais 1 minuto. Sirva.

> **NUTRIENTES por porção:**
> • 499kcal • 20g de proteína • 13g de gordura
> (1g de saturadas) • 73g de carboidratos
> (4g de açúcares totais) • 4g de fibra

PRATOS PRINCIPAIS 141

SALTEADO DE TOFU E VEGETAIS

O tofu é uma excelente fonte de proteína e cálcio, e pode ser usado no lugar da carne em muitas receitas. O tofu simples não possui muito gosto, por isso recomendo usar um tofu marinado pronto (disponível nos supermercados) nesta receita, por ter um sabor mais intenso.

1 colher de sopa de azeite ou óleo de colza
1 cebola fatiada
1 dente de alho amassado
1 colher de chá de gengibre fresco ralado
1 pimentão vermelho picado
125g de brócolis cortados em pequenos floretes
50g de repolho verde cortado em fatias
1 colher de sopa de tamari (molho de soja japonês)
125ml de água
200g de tofu marinado cortado em cubos de 1cm
25g de castanha de caju

Rende 2 porções

Aqueça o óleo em uma panela wok até ficar bem quente, adicione a cebola, o alho e o gengibre e salteie em fogo médio-alto por 2 minutos.

Adicione o pimentão, o brócolis e o repolho e salteie por mais 2 minutos. Adicione o tamari e a água, cozinhe por mais 2 minutos e acrescente o tofu. Deixe cozinhar por 2 minutos. Retire do fogo e misture a castanha de caju.

Sirva com arroz integral cozido.

NUTRIENTES por porção:
• 330kcal • 20g de proteína • 20g de gordura (2g de saturadas) • 14g de carboidratos (10g de açúcares totais) • 8g de fibra

O QUE É TOFU?

O tofu é feito a partir de leite de soja (soja e água) e um coagulante, ou coalho (geralmente sulfato de cálcio), de forma semelhante à fabricação de queijo. É rico em proteínas – contém todos os nove aminoácidos essenciais – e cálcio, e é perfeito na hora de absorver marinadas e temperos. Pode ser usado em salteados, saladas, massas e sobremesas. Uma porção de 170g contém 20g de proteína, a quantidade ideal que deve ser consumida após o exercício e em cada refeição para estimular o crescimento e a recuperação musculares.

PRATOS PRINCIPAIS **143**

HAMBÚRGUER DE FEIJÃO-PRETO E TOFU

Estes deliciosos hambúrgueres veganos são cheios de proteínas e fibras. O tofu ajuda a dar liga aos ingredientes, evitando a adição de ovos. Eles são levemente picantes, mas se você preferir um sabor mais forte, pode, naturalmente, usar mais pasta de curry ou utilizar cominho ou curry em pó em vez da pasta.

200g de tofu firme
1 colher de sopa de pasta de curry korma
2 cebolinhas picadas grosseiramente
Um punhado pequeno de salsinha fresca picada grosseiramente
½ colher de chá de páprica
Sal e pimenta-do-reino preta moída na hora
400g de feijão-preto escorrido
25g de farinha de rosca integral
Azeite ou óleo de colza para untar

Rende 4 hambúrgueres

Preaqueça o grill do forno em temperatura média.

Coloque o tofu, a pasta de curry, a cebolinha, a salsinha, a páprica e os temperos em um processador de alimentos. Processe até misturar, mas sem ficar homogêneo. Adicione os feijões e bata rapidamente, até que eles estejam grosseiramente quebrados. Coloque a mistura em uma tigela grande.

Misture a farinha de rosca e, em seguida, modele a mistura em quatro hambúrgueres iguais. Coloque-os em uma assadeira, pincele com óleo e asse no grill por 7-10 minutos, virando uma vez, até ficarem dourados e quentes.

Sirva em um pão integral com salada de folhas e fatias de abacate.

NUTRIENTES por porção:
• 171kcal • 12g de proteína • 6g de gordura
(1g de saturadas) • 15g de carboidratos
(1g de açúcares totais) • 6g de fibra

PILAF PICANTE DE QUINOA E TOFU

A quinoa tem um índice glicêmico baixo, de modo a saciar a fome por mais tempo e manter estáveis os níveis de açúcar no sangue. Ela é uma boa fonte de proteínas, magnésio, zinco, fibra e vitamina E. O pimentão fornece muita vitamina C, o que é bom para fortalecer o colágeno e as paredes dos pequenos vasos sanguíneos.

1 colher de sopa de azeite ou óleo de colza
1 cebola pequena picada
1 dente de alho amassado
1 colher de chá de semente de cominho
½ colher de chá de cúrcuma em pó
1 pimentão vermelho picado
125g de quinoa
300ml de caldo de legumes
200g de tofu
Sal e pimenta-do-reino preta moída na hora
2 colheres de sopa de uvas-passas brancas
Um punhado pequeno de folhas de coentro frescas picadas grosseiramente

Rende 2 porções

Aqueça o óleo em uma panela grande e refogue a cebola em fogo brando por 5 minutos. Adicione o alho, as sementes de cominho, a cúrcuma em pó e o pimentão e refogue por mais 3 minutos.

Adicione a quinoa e o caldo, misture bem, deixe ferver, depois reduza o fogo e cozinhe por cerca de 20 minutos, até todo o líquido ter sido absorvido e a quinoa estar macia.

Enquanto isso, aqueça um pouco de azeite em uma wok ou panela antiaderente e salteie o tofu por 3-4 minutos, até ficar dourado por fora. Acrescente-o ao pilaf e tempere com sal e pimenta-do-reino. Acrescente as passas e o coentro.

Sirva com uma salada de folhas ou brócolis cozido no vapor.

> **NUTRIENTES por porção:**
> • 464kcal • 23g de proteína • 16g de gordura (1g de saturadas) • 53g de carboidratos (21g de açúcares totais) • 6g de fibra

PRATOS PRINCIPAIS **145**

KEBABS DE TOFU E VEGETAIS

Estes kebabs são perfeitos para refeições ao ar livre e churrascos. Como os vegetais são cozidos apenas brevemente e em alta temperatura, eles retêm a maioria dos nutrientes. Você também pode usar outros vegetais de verão, como milho na espiga e fatias de funcho.

200g de tofu firme
½ pimentão vermelho cortado em pedaços de 2,5cm
½ pimentão amarelo cortado em pedaços de 2,5cm
1 abobrinha cortada em fatias grossas
½ berinjela cortada em cubos de 2,5cm
8 cogumelos paris
8 tomates-cereja

Para a marinada:

2 colheres de sopa de azeite extravirgem
2 colheres de chá de molho de soja
Raspas e suco de 1 limão (ou limão-siciliano)
½ colher de chá de gengibre fresco ralado
1 colher de chá de mel de consistência fina ou xarope de bordo
1 dente de alho amassado
2 colheres de sopa de água

Rende 2 porções

Corte o tofu em 12 cubos. Coloque-os em uma travessa rasa junto com os vegetais preparados.

Para fazer a marinada, misture o azeite, o molho de soja, as raspas e o suco de limão, o gengibre, o mel (ou xarope de bordo), o alho e a água.

Despeje a marinada sobre o tofu e os vegetais, certificando-se de que estão completamente revestidos. Deixe descansar por pelo menos 1 hora, virando de vez em quando.

Distribua o tofu e os vegetais em 8 espetos de bambu.

Pincele-os com a marinada restante e coloque no grill quente do forno ou em uma churrasqueira por cerca de 10 minutos, virando com frequência e pincelando com a marinada, até ficarem levemente dourados.

Sirva com uma salada de folhas e batatas-doces cozidas.

NUTRIENTES por porção:
• 310kcal • 18g de proteína • 19g de gordura
(2g de saturadas) • 12g de carboidratos
(11g de açúcares totais) • 8g de fibra

ASSADO DE RAÍZES E TOFU

Este prato tem tudo – é barato, saudável, rápido e delicioso. É uma das minhas refeições rápidas preferidas! Você basicamente pica as raízes (ou outros vegetais da época) que tiver à mão – cebolas, batatas, beterraba, aipo e nabo também funcionam bem –, corta um pouco de tofu em cubos, joga um pouco de azeite e ervas por cima e leva ao forno por 40 minutos.

2 cenouras cortadas ao meio
1 pastinaca cortada em quatro
1 batata-doce descascada e fatiada
¼ de rutabaga cortada em gomos
¼ de abóbora-manteiga descascada e cortada em fatias grossas
1-2 dentes de alho amassados
Alguns raminhos de alecrim ou tomilho
Sal e pimenta-do-reino preta moída na hora
2 colheres de sopa de azeite
200g de tofu marinado escorrido e cortado em cubos
2 cebolinhas picadas

Rende 2 porções

Preaqueça o forno a 200°C. Prepare os vegetais e coloque em uma assadeira ou travessa refratária grande e misture o alho, as ervas, o sal, a pimenta e o azeite. Asse por 30-40 minutos, até que tudo esteja quase macio.

Espalhe o tofu sobre os vegetais assados e volte ao forno por 10 minutos, até que os vegetais estejam macios. Espalhe a cebolinha por cima e sirva.

NUTRIENTES por porção:
• 459kcal • 17g de proteína • 20g de gordura (2g de saturadas) • 45g de carboidratos (22g de açúcares totais) • 16g de fibra

148 RECEITAS

O MELHOR ASSADO DE CASTANHAS

Assados de castanhas são frequentemente lembrados como uma alternativa vegetariana ao tradicional assado de domingo, embora os pratos não se pareçam nem no sabor nem na aparência! De qualquer forma, eles são um prato principal impressionante e nutritivo para uma refeição especial. Esta é a minha receita básica, que você pode adaptar, dependendo das nozes e dos vegetais que tiver. Eu usei oleaginosas variadas nesta receita, mas você pode usar apenas castanhas de caju, castanhas-do-pará ou amêndoas – todas são fontes brilhantes de proteínas, gorduras insaturadas, fibras e uma miríade de vitaminas, minerais e fitoquímicos protetores. Você também pode adicionar os vegetais de sua preferência – aipo, cogumelos, pimentão vermelho, cenoura, berinjela ou abobrinha.

1 cebola bem picada

2 dentes de alho amassados

1 colher de sopa de azeite

250g de oleaginosas variadas (por exemplo, avelãs, amêndoas e castanhas de caju)

125g de farinha de rosca integral

1 colher de chá de extrato de levedura dissolvido em 100ml de água quente

125g de vegetais de sua preferência (por exemplo, cenoura ralada ou abobrinha)

2 ovos

1 colher de chá de tomilho

Rende 6 porções

Preaqueça o forno a 180°C.

Salteie a cebola e o alho no azeite até amolecerem. Triture as oleaginosas em um processador de alimentos até ficarem completamente moídas. Em uma tigela grande, misture as oleaginosas moídas com os demais ingredientes.

Coloque a mistura em uma forma de bolo inglês forrada com papel-manteiga, cubra com papel-alumínio e asse por 30 minutos. Retire o papel-alumínio e leve ao forno por mais 15 minutos, até ficar firme e dourado. Deixe esfriar ligeiramente antes de desenformar.

Sirva com batatas assadas e vegetais com molho.

NUTRIENTES por porção:
• 359kcal • 16g de proteína • 25g de gordura
(4g de saturadas) • 16g de carboidratos
(6g de açúcares totais) • 3g de fibra

CAPÍTULO 7

SOBREMESAS

1	CHEESECAKE À MODA DE NOVA YORK COM MIRTILO	p.152
2	CHEESECAKE À MODA DE NOVA YORK COM LIMÃO	p.154
3	CHEESECAKE DE TOFU COM MIRTILO **VG**	p.155
4	BOLO DE IOGURTE, PERA E AMÊNDOAS	p.156
5	BROWNIE DE CHOCOLATE COM FRAMBOESA	p.157
6	BROWNIE PROTEICO DE CHOCOLATE	p.159
7	BOLO RÚSTICO DE MAÇÃ, TÂMARA E NOZES	p.160
8	MUFFINS DE FRAMBOESA E MIRTILO	p.162
9	MOUSSE DE CHOCOLATE COM ABACATE **VG**	p.164
10	CRUMBLE DE MAÇÃ E NOZES	p.165
11	BOLO DE BANANA E NOZES	p.167

Em sentido horário, a partir do canto superior direito: *Cheesecake à moda de Nova York com mirtilo, Bolo rústico de maçã, tâmara e nozes, Brownie proteico de chocolate, Bolo de banana e nozes*

CHEESECAKE À MODA DE NOVA YORK COM MIRTILO

Esta receita prova que é possível unir o útil ao agradável! Ela é tão deliciosa que é difícil acreditar que seja saudável ao mesmo tempo. É feita com quark (um queijo macio praticamente isento de gordura), por isso tem consideravelmente menos calorias, gorduras e açúcar do que os cheesecakes tradicionais, além de ser uma forma muito saborosa de obter sua proteína pós-treino. Você também recebe uma generosa ajuda dos polifenóis dos mirtilos frescos, que, claro, promovem a rápida recuperação muscular.

Para a base:

100g de biscoito maltado

40g de creme vegetal ou manteiga

Para o recheio:

500g de quark (queijo macio praticamente isento de gordura) ou ricota

2 ovos

150g de iogurte grego natural desnatado

1 colher de sopa de amido de milho

50g de açúcar com estévia ou 100g de açúcar

1 colher de chá de extrato de baunilha

200g de mirtilo

Rende 8 porções

Triture os biscoitos no processador de alimentos ou coloque-os em um saco plástico e amasse com um rolo de massa até obter uma farinha grossa. Derreta o creme vegetal ou a manteiga em uma panela em fogo baixo. Retire do fogo, adicione a farinha de biscoito e misture bem. Pressione a mistura de biscoito em uma forma redonda de fundo removível de 18cm forrada com papel-manteiga.

Coloque o quark, os ovos, o iogurte, o amido de milho, o açúcar com estévia (ou açúcar) e a baunilha na tigela da batedeira. Bata a baixa velocidade por 1-2 minutos; raspe as laterais da tigela e o batedor na metade do tempo. Se preferir, misture tudo com uma colher grande. Acrescente os mirtilos delicadamente, usando uma colher grande.

Despeje a mistura sobre a massa na forma; asse a 160°C no forno por 40-45 minutos, até ficar firme, mas não muito. Deve ficar cremosa no centro, com apenas um ligeiro dourado nas bordas. Desligue o forno, deixe a porta dele ligeiramente entreaberta e espere o cheesecake esfriar dentro dele (isso evita que rache).

Quando esfriar, retire-o do forno. Espere esfriar completamente antes de desenformar e mantenha na geladeira até a hora de servir.

> **NUTRIENTES por porção:**
> • 211kcal • 14g de proteína • 7g de gordura (2g de saturadas) • 23g de carboidratos (10g de açúcares totais) • 1g de fibra

CHEESECAKE À MODA DE NOVA YORK com LIMÃO

Este cheesecake é o resumo da simplicidade – e mesmo assim fica incrível o suficiente para ser servido a convidados.
Em vez do cream cheese e do creme de leite, eu uso quark (um queijo macio quase sem gordura)
e iogurte grego natural desnatado, ambos repletos de proteínas. É tão delicioso que
fica difícil acreditar que esta sobremesa seja realmente boa para a saúde!

Para a base:

100g de biscoito maltado

40g de creme vegetal ou manteiga

Para o recheio:

500g de quark (queijo macio praticamente isento de gordura) ou ricota

2 ovos

150g de iogurte grego natural desnatado

1 colher de sopa bem cheia de amido de milho

25g de açúcar com estévia ou 50g de açúcar

50g de mel

Raspas e suco de 1 limão-siciliano

Rende 8 porções

Triture os biscoitos no processador de alimentos ou coloque-os em um saco plástico e amasse com um rolo de massa até obter uma farinha grossa. Derreta o creme vegetal ou a manteiga em uma panela em fogo baixo. Retire do fogo, adicione a farinha de biscoito e misture bem. Pressione a mistura de biscoito em uma forma redonda de fundo removível de 18cm forrada com papel-manteiga.

Coloque o quark, os ovos, o iogurte, o amido de milho, o açúcar com estévia (ou açúcar), o mel, as raspas e o suco de limão-siciliano na tigela da batedeira. Bata a baixa velocidade por 1-2 minutos; raspe as laterais da tigela e o batedor na metade do tempo. Se preferir, misture tudo com uma colher grande.

Despeje a mistura sobre a massa na forma; asse a 160°C no forno por 40-45 minutos, até ficar firme, mas não muito. Deve ficar cremosa no centro, com apenas um ligeiro dourado nas bordas. Desligue o forno, deixe a porta dele ligeiramente entreaberta e espere o cheesecake esfriar dentro dele (isso evita que rache).

Quando esfriar, retire-o do forno. Espere esfriar completamente antes de desenformar e mantenha na geladeira até a hora de servir.

> **NUTRIENTES por porção:**
> • 181kcal • 12g de proteína • 6g de gordura (2g de saturadas) • 21g de carboidratos (11g de açúcares totais) • <1g de fibra

CHEESECAKE DE TOFU COM MIRTILO

Este cheesecake sem laticínios é feito com tofu e castanha de caju em vez de queijo. Também substituí a tradicional base de biscoito por uma deliciosa mistura de amêndoas e tâmaras. Não só é carregado de proteínas, cálcio e ferro, como não precisa ir ao forno.

Para a base:
150g de amêndoas
175g de tâmaras sem caroço

Para o recheio:
100g de castanhas de caju demolhadas durante a noite
350g de tofu macio
2 colheres de sopa de azeite, óleo de colza ou óleo de coco derretidos
Raspas e suco de 1 limão-siciliano
2 colheres de sopa de mel ou xarope de bordo
125g de mirtilo

Rende 8 porções

Para fazer a base, triture as amêndoas em um processador de alimentos até formar uma farinha grossa. Adicione as tâmaras e bata até ficar homogêneo. Pressione a mistura de biscoito em uma forma redonda de fundo removível de 18cm forrada com papel-manteiga.

Para o recheio, coloque todos os ingredientes no processador de alimentos e processe até ficar homogêneo. Despeje a mistura sobre a base de biscoito, alise a superfície e leve à geladeira por pelo menos 3 horas, até firmar. Espalhe os mirtilos por cima.

NUTRIENTES por porção:
• 368kcal • 14g de proteína • 22g de gordura (4g de saturadas) • 27g de carboidratos (21g de açúcares totais) • 5g de fibra

BOLO DE IOGURTE, PERA E AMÊNDOAS

Este bolo é feito com azeite leve em vez de manteiga. O "leve" refere-se ao fato de que possui paladar menos marcante – não fica com todo aquele sabor de azeitona, mas ainda assim estão lá todas as gorduras monoinsaturadas saudáveis do azeite. Juntos, o azeite, as amêndoas moídas e o iogurte grego deixam o bolo superleve e úmido – além de mais rico em proteínas do que os bolos tradicionais. As fatias de pera afundam elegantemente na massa, criando uma obra-prima – modéstia à parte!

100ml de azeite de sabor leve

50g de açúcar com estévia ou 100g de açúcar

2 ovos

125g de amêndoas moídas

100g de farinha de trigo com fermento

1½ colher de chá de fermento em pó

100ml de iogurte grego natural desnatado

½ colher de chá de extrato de amêndoa

1 pera descascada e finamente cortada

Rende 8 porções

Preaqueça o forno a 170°C. Forre uma forma de bolo redonda de 20cm com papel-manteiga.

Em uma tigela (ou batedeira), misture todos os ingredientes, exceto a pera, até obter uma mistura homogênea.

Coloque a mistura na forma forrada, alise a superfície e distribua as fatias de pera no topo, em círculos concêntricos. Asse em forno preaquecido por 30-35 minutos até que cresça, fique dourada e, ao introduzir um palito no centro, ele saia limpo. Deixe esfriar na forma por 10 minutos, e depois desenforme em uma grade para esfriar completamente.

NUTRIENTES por porção:
• 285kcal • 8g de proteína • 19g de gordura (2g de saturadas) • 19g de carboidratos (6g de açúcares totais) • 2g de fibra

---

O QUE É ESTÉVIA?

Muitas das receitas neste capítulo usam estévia no lugar de parte do açúcar. A estévia, ou, mais precisamente, o extrato de folha de estévia (glicosídeos de esteviol), é um edulcorante natural que vem das folhas da planta estévia, cultivada na América do Sul e na Ásia. É uma boa alternativa ao açúcar e a outros edulcorantes, pois é natural, seguro, não contém calorias e não eleva os níveis de açúcar no sangue. Você pode comprar o extrato de folha de estévia como um pó combinado com eritritol (um álcool de açúcar ou poliol, que se parece com o açúcar, fornece corpo mas praticamente não tem calorias) para utilizar com bebidas ou em receitas, no lugar do açúcar. Para as sobremesas e os lanches deste livro, prefiro usar uma mistura de extrato de folha de estévia e açúcar. Como você só precisa usar metade da quantidade de açúcar exigida (25g equivalem a 50g de açúcar), isso significa que as receitas conterão muito menos calorias.

BROWNIE DE CHOCOLATE COM FRAMBOESA

Esta é uma variação saudável dos tradicionais brownies de chocolate. Reduzi o açúcar e adicionei amêndoas no lugar da farinha, então ele continua cremoso por dentro e delicioso. Também adicionei framboesas frescas, que fornecem vitamina C e polifenóis extras, além de um ótimo contraste de texturas.

100g de creme vegetal ou manteiga
100g de açúcar mascavo claro
2 ovos
½ colher de chá de extrato de baunilha
50g de amêndoas moídas
100g de farinha de trigo com fermento
25g de cacau em pó
2 colheres de sopa de leite
100g de framboesa
25g de chocolate amargo picado
Rende 12 porções

Preaqueça o forno a 180°C. Forre uma forma quadrada de 20cm com papel-manteiga.

Em uma tigela (ou batedeira), bata o creme vegetal e o açúcar até obter um creme claro.

Adicione os ovos, o extrato de baunilha, as amêndoas, a farinha, o cacau e o leite e misture. Não mexa demais, caso contrário o bolo pode não crescer direito e ficar pesado. Incorpore delicadamente o chocolate amargo picado e as framboesas.

Despeje a mistura na forma forrada, alise a superfície e asse em forno preaquecido por 20 minutos até que cresça, fique firme e, ao introduzir um palito no centro, ele saia limpo. Deixe esfriar na forma por 10 minutos, depois corte em 12 quadrados.

> NUTRIENTES por porção:
> • 170kcal • 4g de proteína • 10g de gordura
> (2g de saturadas) • 16g de carboidratos
> (10g de açúcares totais) • 1g de fibra

BROWNIE PROTEICO DE CHOCOLATE

Um brownie pode ser saudável de verdade? Sim! Esta receita é mais rica em proteínas, antioxidantes e fibras e possui menor teor de açúcar e gordura que os brownies tradicionais. Contém amêndoas moídas, iogurte grego e whey protein sabor chocolate, que deixam os brownies bem úmidos e surpreendentemente gostosos.

100g de creme vegetal ou manteiga
50g de açúcar com estévia ou 100g de açúcar
2 ovos
½ colher de chá de extrato de baunilha
100g de amêndoas moídas
100g de farinha de trigo com fermento
2 colheres de chá de fermento em pó
25g de cacau em pó
25g de whey protein sabor chocolate
2 colheres de sopa de iogurte grego natural desnatado
3-4 colheres de sopa de leite
50g de nozes-pecã
50g de uvas-passas

Rende 12 porções

Preaqueça o forno a 180°C. Forre uma forma quadrada de 20cm com papel-manteiga.

Em uma tigela (ou batedeira), misture o creme vegetal, o açúcar com estévia (ou açúcar), os ovos, o extrato de baunilha, as amêndoas, a farinha, o fermento, o cacau, o whey protein, o iogurte e o leite até obter uma mistura homogênea. A consistência deve ser suave. Incorpore as nozes e as passas.

Despeje a mistura na forma forrada, alise a superfície e asse em forno preaquecido por 20 minutos até que cresça, fique firme e, ao introduzir um palito no centro, ele saia limpo. Deixe esfriar na forma por 10 minutos, depois corte em 12 quadrados.

NUTRIENTES por porção:
• 220kcal • 7g de proteína • 15g de gordura (2g de saturadas) • 15g de carboidratos (6g de açúcares totais) • 2g de fibra

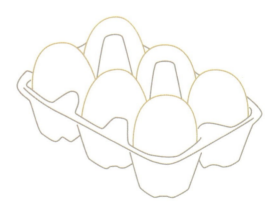

SOBREMESAS 159

BOLO RÚSTICO DE MAÇÃ, TÂMARA E NOZES

Preparada com menos açúcar do que um bolo tradicional, esta receita é naturalmente doce graças às maçãs, à canela e às tâmaras. Substituí metade da quantidade usual de farinha por aveia, o que aumenta o teor de fibras; usei o azeite leve em vez de gordura para deixar o bolo mais úmido, e adicionei uma quantidade generosa de nozes, devido ao seu excelente teor de ômega-3.

5 colheres de sopa de azeite

40g de açúcar com estévia ou 75g de açúcar

25g de açúcar mascavo

2 ovos

125g de farinha de trigo

125g de aveia

3 colheres de chá de fermento em pó

2 colheres de chá de canela em pó

300g de maçã (cerca de 3 unidades) descascada e cortada em cubos

75g de nozes picadas

75g de tâmaras picadas

3-4 colheres de sopa de leite

Rende 10 fatias

Preaqueça o forno a 160°C. Forre uma forma de bolo redonda de 20cm com papel-manteiga.

Em uma tigela (ou batedeira), misture o azeite, o açúcar com estévia (ou açúcar), o açúcar mascavo, os ovos, a farinha, a aveia, o fermento e a canela até ficar homogêneo. Incorpore as maçãs, as nozes, as tâmaras e leite suficiente para obter uma massa bem lisa (isso é importante, porque a aveia absorve o líquido durante o cozimento).

Coloque a mistura na forma forrada, alise a superfície e asse em forno preaquecido por 50-60 minutos até que cresça, fique dourada e, ao introduzir um palito no centro, ele saia limpo. Deixe esfriar na forma por 10 minutos, depois desenforme sobre uma grade para esfriar completamente.

> **NUTRIENTES por porção:**
> • 276kcal • 6g de proteína • 13g de gordura (2g de saturadas) • 32g de carboidratos (13g de açúcares totais) • 3g de fibra

MUFFINS DE FRAMBOESA E MIRTILO

Estes muffins repletos de antioxidantes são tão saudáveis que servem como sobremesa ou como uma indulgência pós-treino. Eles são feitos com estévia em vez de açúcar, e usei whey protein para substituir a maior parte da gordura. Também substituí metade da farinha por amêndoas moídas, para deixar os muffins mais úmidos e fornecer proteína extra. O melhor de tudo é que eles são repletos de mirtilos e framboesas frescos.

50g de creme vegetal ou manteiga
50g de açúcar com estévia ou 100g de açúcar
2 colheres de whey protein sabor chocolate
2 ovos
½ colher de chá de extrato de baunilha
75g de amêndoas moídas
75g de farinha de trigo com fermento
1 colher de chá de fermento em pó
1 colher de sopa de cacau em pó
4-5 colheres de sopa de leite
75g de mirtilo
75g de framboesa
25g de chocolate amargo picado

Rende 12 porções

Preaqueça o forno a 190°C. Forre 12 formas de muffin com forminhas de papel.

Em uma tigela (ou batedeira), bata o creme vegetal ou manteiga e o açúcar com estévia (ou açúcar) até obter um creme claro.

Adicione o whey protein, os ovos, o extrato de baunilha, as amêndoas, a farinha, o fermento, o cacau e o leite e misture. Não mexa demais, caso contrário os muffins podem não crescer bem e ficar pesados. Incorpore delicadamente as frutas e o chocolate amargo picado.

Distribua a mistura pelas formas de muffin. Asse em forno preaquecido por 18-20 minutos, até crescer e ficar firme. Deixe esfriar na forma por alguns minutos, depois transfira para acabar de esfriar sobre uma grade.

NUTRIENTES por porção:
• 150kcal • 6g de proteína • 8g de gordura (2g de saturadas) • 12g de carboidratos (5g de açúcares totais) • 1g de fibra

MOUSSE DE CHOCOLATE com ABACATE

A combinação de abacate e chocolate pode parecer um pouco estranha, mas confie em mim – ela deixa a mousse mais encorpada e deliciosa. Não se preocupe, ela não fica com gosto de abacate. E, o melhor de tudo, é repleta de gorduras monoinsaturadas saudáveis, vitamina E, fibra e polifenóis (do cacau em pó). Não é preciso adicionar açúcar, porque as bananas e as tâmaras fornecem doçura natural suficiente.

½ abacate pequeno maduro
1 banana madura
50g de tâmaras sem caroço
1-2 colheres de sopa de cacau em pó
Rende 2 porções

Corte o abacate ao meio e remova o caroço. Usando uma colher, retire a polpa do abacate e despeje num processador de alimentos ou liquidificador. Adicione os outros ingredientes e triture até ficar completamente liso. Adicione um pouco de água, se parecer muito grosso. Sirva em pequenos ramequins ou taças de vidro.

> **NUTRIENTES por porção:**
> • 328kcal • 5g de proteína • 17g de gordura (4g de saturadas) • 35g de carboidratos (28g de açúcares totais) • 8g de fibra

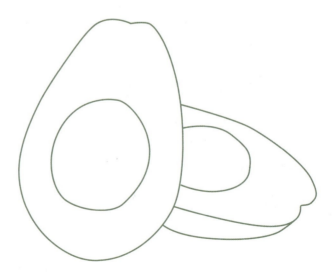

CRUMBLE DE MAÇÃ E NOZES

Esta é, de longe, a sobremesa mais popular lá em casa. Eu a preparo praticamente todas as semanas nos meses de outono e inverno, sempre com variações sutis. As nozes são uma ótima maneira de adicionar ômega-3 à sua dieta, mas você pode utilizar uvas-passas (pretas ou brancas), damascos ou tâmaras, se preferir. Também dá para fazer infinitas variações no crumble, substituindo as amêndoas moídas por avelãs picadas ou sementes de girassol. E, claro, você pode substituir todas ou parte das maçãs por ameixas, peras, ruibarbo, mirtilos ou amoras (ou qualquer combinação), de acordo com as frutas da estação.

50g de nozes
700g de maçã
25g de açúcar com estévia ou 50g de açúcar
1 colher de chá de canela em pó
2 colheres de sopa de água fervente

Para o crumble:
100g de farinha de trigo
40g de açúcar com estévia ou 75g de açúcar mascavo claro
50g de aveia
75g de creme vegetal ou manteiga
50g de amêndoas moídas
Rende 6 porções

Preaqueça o forno a 190°C.

Coloque as nozes em uma assadeira e toste-as no forno por 5-7 minutos. Deixe esfriar.

Descasque, retire o miolo, corte as maçãs em fatias finas e coloque-as em uma tigela grande. Adicione as nozes, o açúcar com estévia (ou açúcar) e a canela e misture. Transfira para uma travessa refratária de 1 litro. Despeje a água fervente sobre a mistura.

Para preparar o crumble, coloque a farinha, o açúcar com estévia (ou açúcar mascavo) e a aveia em uma tigela. Adicione o creme vegetal (ou a manteiga) e as amêndoas e misture até obter uma aparência semelhante a farinha de rosca. Se preferir, triture tudo no processador de alimentos.

Espalhe a cobertura sobre as maçãs e asse por 40-45 minutos, até dourar. Sirva com uma colherada de creme inglês ou iogurte grego.

> **NUTRIENTES por porção:**
> • 363kcal • 7g de proteína • 19g de gordura (3g de saturadas) • 39g de carboidratos (16g de açúcares totais) • 5g de fibra

BOLO DE BANANA E NOZES

Sempre amei bolo de banana – é um dos favoritos de longa data lá em casa –, então me inspirei para adaptá-lo e torná-lo mais saudável. Nesta receita, utilizei azeite e iogurte grego no lugar da manteiga, substituí o açúcar por edulcorante natural estévia e adicionei um pouco de tâmaras para ajudar a adoçar. Também optei por adicionar nozes, pois elas estão repletas de gorduras ômega-3.

225g de farinha de trigo
3 colheres de chá de fermento em pó
1 colher de chá de canela em pó
4 colheres de sopa de azeite
2 colheres de sopa de iogurte grego natural desnatado
50g de açúcar com estévia ou 100g de açúcar mascavo claro
1 colher de chá de extrato de baunilha
2 ovos
2 bananas maduras
100g de tâmaras sem caroço
100g de nozes em pedaços

Rende 10 fatias

Preaqueça o forno a 160°C. Forre uma forma de bolo inglês de 900g com papel-manteiga.

Coloque a farinha, o fermento, a canela, o azeite, o iogurte, o açúcar com estévia (ou açúcar mascavo), o extrato de baunilha e os ovos em uma tigela grande. Amasse as bananas e pique as tâmaras (tesouras de cozinha são muito boas para isso) e adicione à tigela. Bata a mistura por 2-3 minutos, usando uma colher de pau ou mixer de mão, até ficar bem homogêneo. Incorpore as nozes.

Despeje a mistura na forma forrada e alise o topo. Asse por 1 hora, ou até que um palito inserido no centro saia limpo. Caso contrário, asse por mais 10 minutos. Deixe na forma por 15 minutos, e então desenforme sobre uma grade para esfriar.

NUTRIENTES por porção:
• 285kcal • 6g de proteína • 13g de gordura (2g de saturadas) • 35g de carboidratos (14g de açúcares totais) • 3g de fibra

SOBREMESAS **167**

CAPÍTULO 8

LANCHES DOCES

1	**BARRAS ENERGÉTICAS CRUAS DE CHOCOLATE** VG	p.170
2	**BARRAS DE TÂMARA E CASTANHA DE CAJU** VG	p.171
3	**BARRAS DE REPOSIÇÃO** VG	p.172
4	**BARRAS DE CASTANHAS** VG	p.173
5	**SUPERBARRAS FLAPJACK**	p.175
6	**BARRAS DE FRUTAS E CASTANHAS** VG	p.176
7	**BARRAS CROCANTES DE TÂMARAS** VG	p.177
8	**BOLAS ENERGÉTICAS CRUAS** VG	p.178
9	**BARRAS ENERGÉTICAS DE AMÊNDOAS, FIGO E CASTANHA DE CAJU** VG	p.180
10	**BARRAS FLAPJACK DE AMÊNDOAS E SEMENTES DE ABÓBORA**	p.181
11	**COOKIES DE MANTEIGA DE AMENDOIM**	p.182
12	**COOKIES DE AMÊNDOA E CEREJA**	p.183
13	**COOKIES DE AVEIA COM GOTAS DE CHOCOLATE**	p.185
14	**COOKIES DE DAMASCO E AMÊNDOAS**	p.186
15	**COOKIES DE COCO**	p.187
16	**COOKIES DE AVELÃ**	p.187

Em sentido horário, a partir do canto superior direito: *Cookies de amêndoa e cereja, Barras de frutas e castanhas, Bolas energéticas cruas, Superbarras flapjack*

BARRAS ENERGÉTICAS CRUAS DE CHOCOLATE

Esta é uma variação achocolatada das bolas energéticas cruas (p.178). Elas não contêm nenhum açúcar adicionado, são ricas em fibras e proteínas e repletas de polifenóis (do cacau), que são conhecidos por ajudar na recuperação e melhorar o desempenho.

200g de tâmaras sem caroço
150g de macadâmia (ou qualquer outra oleaginosa)
50g de uvas-passas
100g de amêndoas moídas
1 colher de sopa de cacau em pó
25g de chocolate amargo picado
2-3 colheres de sopa de água

Rende 12 porções

Coloque as tâmaras em uma panela pequena com água suficiente para cobrir. Cozinhe-as por cerca de 5 minutos, até ficarem macias. Escorra a maior parte da água e transfira tudo para um processador de alimentos junto com a macadâmia, as passas, as amêndoas e o cacau em pó, e processe até obter uma textura grossa.

Adicione o chocolate picado e a água e pulse até obter uma consistência firme de massa de biscoito.

Raspe a mistura do recipiente, abra a massa entre duas folhas de papel-manteiga ou filme plástico – usando um rolo –, até atingir 1cm de espessura, e corte em barras. Você pode também modelar em bolinhas.

Enrole cada barra em filme plástico e guarde na geladeira por até 1 semana.

> NUTRIENTES por porção:
> • 230kcal • 4g de proteína • 15g de gordura (2g de saturadas) • 18g de carboidratos (15g de açúcares totais) • 3g de fibra

BARRAS DE TÂMARA E CASTANHA DE CAJU

Esta é a minha adaptação preferida das bolas energéticas cruas (p.178), e à qual eu recorro com bastante frequência. Elas são meu lanche pré e pós-exercício, cheias de proteínas, gorduras essenciais, vitaminas, minerais e fibras – exatamente o que seus músculos precisam depois de um treino intenso!

250g de tâmaras secas sem caroço
300g de castanha de caju
100g de amêndoas moídas
2 colheres de sopa de cacau em pó
2-3 colheres de água
Rende 16 porções

NUTRIENTES por porção:
• 208 kcal • 6g de proteína • 13g de gordura (2g de saturadas) • 16g de carboidratos (11g de açúcares totais) • 3g de fibra

Coloque a tâmara, a castanha de caju, a amêndoa e o cacau em pó em um processador de alimentos e triture até ficar liso e homogêneo.

Adicione a água, uma colher de sopa por vez, até obter uma consistência firme de massa de biscoito.

Raspe a mistura do recipiente, abra a massa entre duas folhas de papel-manteiga ou filme plástico – usando um rolo –, até atingir 1cm de espessura, e corte em barras. Você pode também modelar em bolinhas ou apertá-la em uma forma quadrada de 18cm forrada com filme plástico.

Corte em 16 barras. Enrole cada barra em filme plástico e guarde na geladeira por até 1 semana.

BARRAS DE REPOSIÇÃO

Estas barras são feitas de aveia, nozes, frutas secas e manteiga de amendoim, e fornecem a combinação perfeita de proteínas, carboidratos, gorduras insaturadas e antioxidantes de que você precisa para uma recuperação rápida após o exercício. É difícil comer uma só – esteja avisado!

100ml de xarope de bordo

200g de manteiga de amendoim (ou qualquer outra manteiga de oleaginosas)

150g de oleaginosas variadas levemente tostadas e picadas grosseiramente

150g de aveia em flocos

2 colheres de sopa de farinha de linhaça, sementes de abóbora ou chia

100g de frutas secas variadas, como cranberry e damasco, picadas grosseiramente

Rende 12 porções

Coloque o xarope de bordo e a manteiga de amendoim em uma panela pequena e aqueça suavemente até derreter.

Em uma tigela grande ou na batedeira, misture as oleaginosas, a aveia, as sementes e as frutas secas. Acrescente a mistura de xarope de bordo e manteiga de amendoim e misture até combinar bem. Pressione uniforme e firmemente em uma assadeira rasa quadrada de 18cm forrada com papel-manteiga e leve à geladeira para firmar. Corte em barras.

NUTRIENTES por porção:
• 283kcal • 10g de proteína • 17g de gordura (3g de saturadas) • 20g de carboidratos (11g de açúcares totais) • 4g de fibra

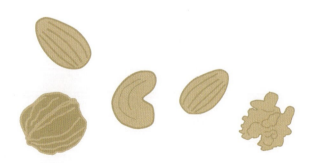

172 RECEITAS

BARRAS DE CASTANHAS

A ideia para estas barras cheias de proteína veio da marca 9 Bars, que eu tenho em alta conta se comparada a outras barras, pois possuem baixo teor de açúcar e oleaginosas de sobra. Minha versão é feita com oleaginosas – você pode comprá-las assadas ou cruas e então assá-las no forno –, ligadas com apenas um pouco de mel e açúcar. As oleaginosas são fontes fantásticas de ácidos graxos essenciais, proteínas, vitaminas, minerais e fibras.

350g de oleaginosas variadas assadas
3 colheres de sopa de óleo de colza, azeite ou óleo de coco
3 colheres de sopa de mel de consistência fina
25g de açúcar mascavo claro
100g de chocolate escuro com 85% de teor de cacau

Rende 12 porções

Preaqueça o forno a 180°C. Forre uma assadeira quadrada de 18cm com papel-manteiga.

Coloque as castanhas em um processador de alimentos e pulse brevemente para picá-las grosseiramente.

Adicione o óleo, o mel e o açúcar e misture.

Coloque na assadeira forrada, pressione levemente e leve ao forno por cerca de 15 minutos, até ficar levemente dourado nas bordas, mas não marrom.

Quebre o chocolate em pequenos pedaços, coloque em uma tigela própria para micro-ondas e aqueça em potência máxima por 1 minuto, até quase derreter. Mexa e deixe descansar por alguns instantes até que esteja completamente derretido. Espalhe sobre a mistura de castanhas. Deixe esfriar antes de cortar em barras.

NUTRIENTES por porção:
• 271kcal • 8g de proteína • 20g de gordura (3g de saturadas) • 14g de carboidratos (13g de açúcares totais) • 3g de fibra

LANCHES DOCES

SUPERBARRAS FLAPJACK

As barras flapjack são difíceis de superar quando se trata de lanches saudáveis pré-treino. A combinação de aveia, castanhas e frutas secas fornece energia aos poucos, para que você possa treinar com mais intensidade e por mais tempo. Adicione quaisquer frutas secas que quiser e você terá uma barra flapjack supernutritiva.

150g de creme vegetal ou manteiga

75g de manteiga de amendoim crocante

75g de açúcar mascavo

75g de mel

250g de aveia em flocos

1 colher de chá de canela em pó

150g de oleaginosas picadas, como nozes, nozes-pecã e amêndoas em lascas

150g de frutas secas picadas, como uvas-passas, tâmaras ou damascos

Rende 16 porções

Preaqueça o forno a 180°C. Forre uma assadeira quadrada de 23cm com papel-manteiga.

Coloque o creme vegetal ou manteiga, a manteiga de amendoim, o açúcar e o mel em uma panela antiaderente e aqueça, mexendo de vez em quando, até derreter. Retire do fogo.

Em uma tigela grande, misture a aveia, a canela, as castanhas e as frutas secas. Adicione a mistura derretida e mexa até combinar totalmente.

Transfira a mistura para a forma forrada, alise a superfície e leve ao forno por 20-25 minutos, até ficar dourada nas bordas, mas ainda macia no meio. Deixe esfriar na forma. Desenforme e corte em 16 quadrados usando uma faca afiada.

NUTRIENTES por porção:
• 265kcal • 5g de proteína • 16g de gordura
(2g de saturadas) • 24g de carboidratos
(15g de açúcares totais) • 3g de fibra

BARRAS DE FRUTAS E CASTANHAS

Estas barras não apenas são mais saborosas do que as barras energéticas industrializadas, como as oleaginosas e a aveia também ajudam a evitar um pico de açúcar no sangue, para que você mantenha os níveis de energia por mais tempo. Elas são repletas de proteínas, gorduras essenciais, vitaminas e minerais e compõem um lanche perfeito pré ou pós-treino.

200g de tâmaras sem caroço
2 colheres de sopa de mel
½ colher de chá de canela em pó
125g de aveia em flocos
100g de avelãs tostadas e picadas
50g de amêndoas em lascas
50g de nozes picadas
50g de uvas-passas
Uma pitada de sal

Rende 12 porções

Aqueça o forno a 190°C. Forre uma assadeira quadrada de 23cm com papel-manteiga.

Coloque as tâmaras em uma panela pequena com água suficiente para cobrir. Cozinhe-as por cerca de 5 minutos, até ficarem macias. Escorra a maior parte da água e triture-as com o mel em um processador de alimentos, até obter um purê homogêneo.

Misture a canela, a aveia, as castanhas, as passas e o sal em uma tigela grande, adicione o purê de tâmaras e misture bem. Pressione a mistura na assadeira forrada, alisando a superfície de modo que fique uniforme.
Asse por 20 minutos, ou até que a mistura pareça firme e as bordas estejam apenas começando a soltar das laterais.

Deixe esfriar na assadeira e, em seguida, corte em barras. Elas podem ser armazenadas por até 1 semana em um recipiente hermético.

> **NUTRIENTES por porção:**
> • 228kcal • 5g de proteína • 11g de gordura (1g de saturadas) • 25g de carboidratos (17g de açúcares totais) • 4g de fibra

BARRAS CROCANTES DE TÂMARAS

Eu tenho que confessar uma fraqueza séria por estas barras. Um delicado purê de tâmaras intercalado entre duas camadas gloriosas de crumble de aveia. As tâmaras são uma incrível fonte de fibra, bem como de magnésio, que é conhecido por seus efeitos anti-inflamatórios e pela aceleração da recuperação depois de um treinamento intenso.

250g de tâmaras sem caroço
100ml de água
150g de creme vegetal ou manteiga
150g de farinha de trigo
125g de aveia em flocos
75g de açúcar mascavo
40g de açúcar com estévia ou 75g de açúcar

Rende 16 porções

Aqueça o forno a 180°C. Forre uma assadeira quadrada de 20cm com papel-manteiga.

Coloque as tâmaras e a água na panela e aqueça em fogo baixo, mexendo de vez em quando, até as tâmaras ficarem macias e absorverem a maior parte da água (cerca de 5-10 minutos). Deixe esfriar e depois triture usando um mixer de mão ou um processador de alimentos, até que a mistura forme uma pasta (tudo bem se sobrarem alguns pedaços). Adicione mais água, se necessário. Deixe esfriar.

Para o crumble, amasse o creme vegetal ou manteiga e a farinha até obter uma textura parecida com farinha de rosca. Isso pode ser feito à mão, na batedeira ou com um processador de alimentos. Acrescente a aveia, o açúcar mascavo e o açúcar com estévia e misture bem. Espalhe cerca de dois terços da mistura na assadeira e pressione firmemente. Espalhe o recheio de maneira uniforme. Polvilhe o crumble restante por cima e aperte suavemente.

Asse por 25-30 minutos, até ficar dourado. Deixe esfriar e, em seguida, corte em 16 quadrados.

> **NUTRIENTES por porção:**
> • 195kcal • 2g de proteína • 7g de gordura (1g de saturadas) • 30g de carboidratos (16g de açúcares totais) • 2g de fibra

O QUE É ESTÉVIA?

Muitas das receitas neste capítulo usam uma mistura de açúcar e extrato de folha de estévia (ver p.156). Como você só precisa de metade da quantidade original de açúcar, as receitas conterão significativamente menos calorias.

LANCHES DOCES 177

BOLAS ENERGÉTICAS CRUAS

A inspiração para estas bolinhas vem da marca Nakd Bars, da qual sou grande fã. A melhor coisa sobre elas é sua simplicidade; elas não contêm açúcar adicionado, apenas frutas secas e castanhas – portanto são incrivelmente saudáveis. Testei diferentes proporções e descobri que partes quase iguais de frutas secas e castanhas funcionam melhor. Aqui está a receita básica, que você pode adaptar usando qualquer uma das sugestões abaixo. Eu recomendo usar tâmaras macias "prontas para comer" ou tâmaras Medjool, que são mais fáceis de bater no processador de alimentos.

300g de seu tipo de oleaginosa favorito
250g de tâmaras (ou uma mistura de tâmaras e uvas-passas)
2-3 colheres de sopa de água
½-1 colher de chá de canela em pó

Rende 16 porções

Coloque todos os ingredientes no processador de alimentos. Pulse algumas vezes, apenas para quebrá-los. Depois processe por 30 segundos, até que estejam reduzidos a pedaços pequenos. Raspe as bordas do recipiente e a lâmina, se necessário. Você pode precisar adicionar um pouco de água se as tâmaras estiverem muito secas. Continue a processar por mais 1-2 minutos, até que os ingredientes se agrupem e formem uma bola.

Modele em um quadrado grosso, com aproximadamente 18 × 18cm, sobre um pedaço de filme plástico ou papel-manteiga. Embrulhe e leve à geladeira para esfriar por pelo menos 1 hora (isto é opcional). Molde bolas pequenas e envolva cada uma em filme plástico. Guarde na geladeira por várias semanas, ou no congelador por até 3 meses.

Experimente estas combinações: macadâmia-cereja-amêndoa, tâmara-amêndoa-castanha de caju, tâmara-passas-pecã, tâmara-nozes.

Experimente estes extras: coco desidratado, sementes de chia, chocolate picado, cacau em pó, baunilha, gengibre cristalizado, noz-moscada ralada ou raspas de limão-siciliano.

> **NUTRIENTES por porção:**
> • 172kcal • 5g de proteína • 11g de gordura (1g de saturadas) • 13g de carboidratos (10g de açúcares totais) • 3g de fibra

BARRAS ENERGÉTICAS DE AMÊNDOAS, FIGO E CASTANHA DE CAJU

Estas barras estão cheias de proteínas e carboidratos de liberação lenta, por isso são uma ótima forma de fornecer energia para seus exercícios. As tâmaras e as castanhas de caju compõem a base dessas barras, enquanto os figos e a baunilha adicionam cálcio e fibra extras.

200g de castanha de caju
100g de amêndoas moídas
150g de tâmaras
100g de figos secos
½-1 colher de chá de extrato de baunilha
2-3 colheres de sopa de água
Rende 12 porções

Triture as castanhas de caju no processador de alimentos por cerca de 30 segundos. Adicione as amêndoas, as tâmaras, os figos e o extrato de baunilha e processe até ficar uniforme. Adicione a água, uma colher de sopa de cada vez, e continue a processar até que os ingredientes formem uma bola.

Retire a mistura do processador e espalhe numa assadeira quadrada de 18cm revestida com filme plástico ou papel-manteiga. Deve ficar com aproximadamente 1cm de espessura. Corte em barras e, em seguida, envolva cada barra em filme plástico e guarde na geladeira por várias semanas, ou no freezer por até 3 meses.

A massa também pode ser moldada em pequenas "bolas energéticas".

NUTRIENTES por porção:
• 213kcal • 6g de proteína • 13g de gordura (2g de saturadas) • 17g de carboidratos (13g de açúcares totais) • 3g de fibra

BARRAS FLAPJACK DE AMÊNDOAS E SEMENTES DE ABÓBORA

Estas saborosas barras flapjack são ainda mais saudáveis graças à adição de amêndoas e sementes de abóbora, que fornecem ácidos graxos essenciais, minerais e proteínas. As amêndoas são um alimento perfeito para atletas – ricas em proteínas, fibras, gorduras monoinsaturadas saudáveis, vitamina E, cálcio, magnésio, potássio e flavonoides; saciam o apetite, matam aquela fome repentina. Também substituí metade da quantidade usual de creme vegetal por manteiga de amêndoa, para aumentar o teor de proteína.

75g de creme vegetal ou manteiga
75g de manteiga de amêndoa
75g de açúcar mascavo
75g de mel
250g de aveia em flocos
125g de amêndoas em lascas
50g de sementes de abóbora
75g de tâmaras picadas
Rende 16 porções

Preaqueça o forno a 180°C. Forre uma assadeira quadrada de 23cm com papel-manteiga.

Coloque o creme vegetal ou manteiga, a manteiga de amêndoa, o açúcar mascavo e o mel em uma panela antiaderente e leve ao fogo baixo, mexendo de vez em quando, até que os ingredientes tenham derretido. Retire do fogo.

Em uma tigela grande, misture a aveia, as amêndoas, as sementes de abóbora e as tâmaras. Adicione a mistura derretida e mexa. Transfira a mistura para a assadeira forrada, alise a superfície e leve ao forno por 20-25 minutos, até ficar dourada nas bordas, mas ainda macia no meio.

Deixe esfriar na assadeira. Desenforme e corte em 16 quadrados usando uma faca afiada.

> NUTRIENTES por porção:
> • 228kcal • 6g de proteína • 12g de gordura (2g de saturadas) • 22g de carboidratos (12g de açúcares totais) • 3g de fibra

LANCHES DOCES

COOKIES DE MANTEIGA DE AMENDOIM

Se você é fã de manteiga de amendoim, então vai adorar esta receita. Eu substituo um pouco da farinha de trigo, tradicional nas receitas de cookies, por aveia. Assim, os cookies ficam consideravelmente mais ricos em proteínas, gorduras monoinsaturadas, fibras, vitaminas e minerais do que os convencionais. Além disso, eles contêm muito pouco açúcar se você usar extrato de folha de estévia em vez de açúcar mascavo.

125g de manteiga de amendoim crocante
50g de açúcar com estévia ou
100g de açúcar mascavo
100g de creme vegetal ou manteiga
1 colher de sopa de xarope de bordo
½ colher de chá de extrato de baunilha
100g de aveia em flocos
100g de farinha de trigo
½ ovo batido
50g de uvas-passas
Rende 15 porções

Preaqueça o forno a 190°C e forre uma ou duas assadeiras com papel-manteiga.

Coloque todos os ingredientes, exceto o ovo e as passas, na tigela grande da batedeira e bata em velocidade baixa, até ficar homogêneo. Se preferir, misture com uma colher de pau.

Adicione o ovo batido e as passas e misture até obter uma massa lisa e bastante firme.

Pegue porções do tamanho de uma colher de chá e modele em bolinhas de aproximadamente 3cm de diâmetro. Distribua-as na assadeira, a intervalos de cerca de 2,5cm, e achate levemente com a mão.

Asse por 12-14 minutos ou até ficarem ligeiramente douradas. Deixe esfriar por alguns minutos antes de transferir para uma grade.

NUTRIENTES por porção:
• 143kcal • 4g de proteína • 9g de gordura
(1g de saturadas) • 11g de carboidratos
(5g de açúcares totais) • 1g de fibra

COOKIES DE AMÊNDOA E CEREJA

Esta é a minha receita de cookies favorita de todos os tempos, que eu não canso de repetir. Feita principalmente de amêndoas e aveia, ela usa muito pouco açúcar, portanto tem índice glicêmico menor que os cookies convencionais e contém consideravelmente mais fibras. As amêndoas também são uma boa fonte de gorduras monoinsaturadas e cálcio, então ponha estes cookies na bolsa quando precisar de um empurrãozinho pré-treino.

100g de amêndoas moídas
50g de açúcar com estévia ou 100g de açúcar
100g de creme vegetal ou manteiga
1 colher de sopa de xarope de bordo
½ colher de chá de extrato de baunilha
100g de farinha de trigo
100g de aveia em flocos
½ ovo batido
50g de cerejas em calda, cortadas em quatro

Rende 15 porções

Preaqueça o forno a 190°C e forre uma ou duas assadeiras com papel-manteiga.

Coloque todos os ingredientes, exceto o ovo e as cerejas, na tigela da batedeira e bata em velocidade baixa até que estejam bem misturados.

Adicione o ovo batido e as cerejas e, em seguida, bata até obter uma massa suave e homogênea.

Modele a massa em cerca de 15 bolinhas de aproximadamente 3cm de diâmetro. Distribua-as nas assadeiras a intervalos de cerca de 2,5cm e achate-as levemente com a mão. Asse por 12-14 minutos ou até ficarem ligeiramente douradas.

NUTRIENTES por porção:
• 156kcal • 3g de proteína • 9g de gordura (1g de saturadas) • 15g de carboidratos (5g de açúcares totais) • 1g de fibra

COOKIES DE AVEIA COM GOTAS DE CHOCOLATE

Qualquer coisa contendo gotas de chocolate fica imbatível – e esses cookies não são exceção! Eles não apenas são deliciosamente macios, com gloriosos pedacinhos de chocolate, como são surpreendentemente saudáveis. A adição de aveia faz com que tenham teores mais altos de fibras e vitaminas B do que os cookies industrializados e são perfeitos para lanchar quando você quer um impulso de energia.

100g de creme vegetal ou manteiga
75g de açúcar mascavo
25g de mel claro
½ colher de chá de extrato de baunilha
100g de farinha de trigo
100g de aveia em flocos
50g de chocolate picado

Rende 12 porções

Preaqueça o forno a 190°C e forre uma assadeira com papel-manteiga.

Misture o creme vegetal ou manteiga, o açúcar e o mel até ficar homogêneo, usando a batedeira ou uma colher de pau.

Adicione o extrato de baunilha, a farinha e a aveia e continue mexendo, até a mistura formar uma massa dura. Acrescente as gotas de chocolate e misture até combinar uniformemente.

Divida a massa em aproximadamente 12 pequenas bolas (do tamanho de uma bola de pingue-pongue), colocando-as na assadeira a intervalos de cerca de 2,5cm. Achate-as ligeiramente com a palma da mão. Asse por cerca de 12 minutos, ou até ficarem ligeiramente douradas.

NUTRIENTES por porção:
• 160kcal • 2g de proteína • 7g de gordura (2g de saturadas) • 21g de carboidratos (10g de açúcares totais) • 1g de fibra

LANCHES DOCES **185**

COOKIES DE DAMASCO E AMÊNDOAS

Estes cookies são uma maneira inteligente de aumentar sua ingestão de betacaroteno, fibra e ferro, pois incluem deliciosos damascos secos, que são naturalmente ricos nestes nutrientes.
Gosto de usar damascos secos naturalmente, em vez dos preservados com dióxido de enxofre (procure "orgânico" no rótulo). Eles têm um sabor rico e intenso e uma linda cor naturalmente escura.

100g de creme vegetal ou manteiga

50g de açúcar com estévia ou 100g de açúcar

100g de amêndoas moídas

1 colher de sopa de xarope de bordo

½ colher de chá de extrato de amêndoa

75g de farinha de trigo

125g de aveia em flocos

½ ovo batido

125g de damasco seco picado

Rende 15 porções

Preaqueça o forno a 190°C e forre uma ou duas assadeiras com papel-manteiga.

Coloque todos os ingredientes, exceto o ovo e os damascos, na tigela da batedeira e misture em velocidade baixa. Adicione o ovo batido e os damascos e bata até obter uma massa lisa e homogênea.

Divida a massa em cerca de 15 bolinhas de aproximadamente 3cm de diâmetro. Distribua-as na assadeira, a intervalos de cerca de 2,5cm, e achate-as levemente com a mão. Asse por 12-14 minutos ou até ficarem ligeiramente douradas.

> **NUTRIENTES por porção:**
> • 162kcal • 4g de proteína • 9g de gordura (1g de saturadas) • 16g de carboidratos (6g de açúcares totais) • 2g de fibra

COOKIES DE COCO

A ideia destes cookies veio dos clássicos biscoitos Anzac, feitos originalmente para serem enviados aos Anzacs (membros das Forças Armadas da Austrália e Nova Zelândia) servindo na Primeira Guerra Mundial. A combinação de coco e aveia proporciona um índice glicêmico menor que o dos cookies tradicionais, então você obterá energia de forma gradual, não de uma vez só.

100g de creme vegetal ou manteiga
40g de açúcar com estévia ou 75g de açúcar
1 colher de sopa de mel claro
½ colher de chá de extrato de baunilha
100g de farinha de trigo
100g de aveia em flocos
100g de coco desidratado

Rende 15 porções

NUTRIENTES por porção:
• 146 kcal • 2g de proteína • 9g de gordura
(4g de saturadas) • 13g de carboidratos
(3g de açúcares totais) • 2g de fibra

Preaqueça o forno a 190°C e forre uma ou duas assadeiras com papel-manteiga.

Bata o creme vegetal ou manteiga e o açúcar até ficar leve e aerado, usando a batedeira ou uma colher de pau.

Acrescente o mel e o extrato de baunilha e bata novamente. Adicione a farinha, a aveia e o coco e misture bem. Distribua colheradas da massa sobre as assadeiras, a intervalos de cerca de 2,5cm, depois achate com a mão. Asse por 10-12 minutos ou até ficar ligeiramente dourado.

COOKIES DE AVELÃ

A manteiga de avelã é cheia de gorduras insaturadas saudáveis, proteínas, fibras, vitaminas e minerais. Aqui, eu substituí metade da quantidade usual de gordura por manteiga de avelã – você pode usar mais, se preferir um biscoito com textura mais esfarelada.

150g de manteiga de avelã crocante*
75g de açúcar com estévia ou 150g de açúcar
50g de creme vegetal ou manteiga
1 colher de sopa de xarope de bordo
½ colher de chá de extrato de baunilha
150g de farinha de trigo
½ ovo batido

Rende 15 porções

NUTRIENTES por porção:
• 148 kcal • 3g de proteína • 9g de gordura
(1g de saturadas) • 14g de carboidratos
(4g de açúcares totais) • 1g de fibra

Preaqueça o forno a 190°C e forre uma ou duas assadeiras com papel-manteiga.

Coloque todos os ingredientes, exceto o ovo, na tigela da batedeira e bata em velocidade baixa até misturar. Adicione o ovo batido e bata novamente até obter uma massa macia e homogênea.

Pegue colheradas da massa e forme bolinhas de aproximadamente 3cm de diâmetro, usando as mãos. Distribua-as nas assadeiras a intervalos de cerca de 2,5cm, depois achate levemente com a mão. Asse por 12-14 minutos ou até ficarem ligeiramente douradas.

* Disponível em alguns supermercados, bem como em lojas de produtos naturais.

CAPÍTULO 9

LANCHES SALGADOS, SHAKES & VITAMINAS

1	**GUACAMOLE** VG	p.190
2	**PASTA DE FEIJÃO-BRANCO** VG	p.190
3	**HUMMUS** VG	p.191
4	**BABA GANOUSH** VG	p.191
5	**TORRADA DE ABACATE** VG	p.194
6	**SHAKE REPARADOR DE MORANGO**	p.196
7	**SHAKE REPARADOR DE FRAMBOESA E CHIA**	p.196
8	**SHAKE DE BETERRABA**	p.198
9	**SHAKE DE BANANA E MANTEIGA DE AMENDOIM**	p.199
10	**VITAMINA VERDE**	p.199
11	**VITAMINA DE FRUTAS VERMELHAS**	p.200
12	**VITAMINA DE MORANGO E BANANA**	p.200
13	**VITAMINA DE ABACATE**	p.201

À esquerda: *Vitamina de frutas vermelhas*

GUACAMOLE

Os abacates são carregados de nutrientes que fazem bem à saúde: óleos monoinsaturados, vitamina E, ácido fólico e potássio. O guacamole também vira um bom recheio de sanduíche, uma pasta para acompanhar vegetais ou para temperar saladas.

½ abacate pequeno maduro
1 colher de sopa de suco de limão ou limão-siciliano
½ cebola roxa pequena bem picada
1 dente de alho amassado
1 tomate médio sem pele picado
1 colher de sopa de coentro fresco finamente picado
Sal marinho e pimenta-do-reino preta moída na hora
Pimenta-caiena e azeite, para servir

Rende 2 porções

Corte o abacate ao meio e retire a polpa com uma colher. Amasse-a com o suco de limão. Adicione os ingredientes restantes e misture bem. Se preferir, você pode triturar os ingredientes no processador de alimentos, até formar um purê grosso. Verifique o tempero, adicionando um pouco mais de pimenta-do-reino ou suco de limão, se necessário. Polvilhe com um pouco de pimenta-caiena e regue com azeite.

Sirva com legumes crus e resfriados.

NUTRIENTES por porção:
• 174kcal • 2g de proteína • 15g de gordura
(3g de saturadas) • 6g de carboidratos
(4g de açúcares totais) • 5g de fibra

PASTA DE FEIJÃO-BRANCO

Esta pasta fica perfeita com legumes crus e resfriados, bem como para passar em torradas. É super-rápida de fazer e uma fantástica fonte de proteínas, ferro e fibra. Mantenha o restante na geladeira, coberto, por até 3 dias.

400g de feijão-branco em conserva escorrido e lavado
1 dente de alho amassado
Suco de ½ limão-siciliano
2 colheres de sopa de azeite
1-2 colheres de sopa de água
Sal e pimenta-do-reino preta moída na hora
1 colher de sopa de hortelã ou salsinha frescas picadas

Rende 4 porções

Coloque o feijão em um processador de alimentos ou liquidificador com o alho, o suco de limão-siciliano e o azeite. Processe até ficar homogêneo, adicione o sal e a pimenta e processe novamente. Adicione um pouco de água, se estiver muito grosso.

Misture a hortelã ou salsinha. Coloque em uma travessa rasa e leve à geladeira para esfriar antes de servir.

NUTRIENTES por porção:
• 112kcal • 5g de proteína • 6g de gordura
(1g de saturadas) • 8g de carboidratos
(1g de açúcares totais) • 4g de fibra

HUMMUS

O hummus é super-rápido de fazer usando um processador de alimentos ou liquidificador, e fica infinitamente melhor do que o comprado pronto, além de mais saudável. Gosto de adicionar pinoles e alguns grãos-de-bico inteiros, para dar uma textura mais interessante.

400g de grão-de-bico em conserva escorrido e lavado, ou 125g de grão-de-bico seco demolhado durante a noite e depois cozido por 45 minutos
1-2 dentes de alho amassados
2 colheres de sopa de azeite extravirgem
1 colher de sopa de tahine (pasta de gergelim)
Suco de ½ limão-siciliano
2-4 colheres de sopa de água
Sal e pimenta-do-reino preta moída na hora
1 colher de sopa de pinoles

Rende 4 porções

NUTRIENTES por porção:
• 196kcal • 7g de proteína • 14g de gordura (2g de saturadas) • 10g de carboidratos (1g de açúcares totais) • 4g de fibra

Escorra e lave o grão-de-bico. Reserve 1-2 colheres de sopa de grãos-de-bico inteiros. Coloque o restante em um processador de alimentos ou liquidificador com o alho, o azeite, o tahine, o suco de limão-siciliano e água. Processe até ficar homogêneo, adicione sal e pimenta-do-reino e processe novamente. Prove para verificar o tempero. Adicione mais água, se necessário, para obter a consistência desejada.

Enquanto isso, toste um pouco os pinoles no grill do forno quente por 3-4 minutos, até ficarem levemente coloridos, mas não dourados (observe com cuidado, porque ganham cor rápido).

Acrescente o grão-de-bico inteiro reservado. Coloque em uma travessa rasa. Espalhe os pinoles por cima e regue com alguns fios de azeite. Leve à geladeira para esfriar antes de servir.

Dura na geladeira por até 3 dias.

BABA GANOUSH

Esta pasta de berinjela tem sabor delicado, ligeiramente acastanhado, e fica excelente com legumes crus e resfriados. A berinjela, base desta receita, tem baixo teor calórico e é rica em potássio e ácido fólico. O tahine é uma pasta de gergelim, cheia de gorduras insaturadas, vitamina E e cálcio.

1 berinjela média
Suco de ½ limão-siciliano
2 colheres de sopa de tahine
2 colheres de sopa de azeite
1 dente de alho amassado
Sal e pimenta-do-reino preta moída na hora

Rende 4 porções

Fure a berinjela toda com um garfo e coloque no grill do forno em temperatura média, virando com frequência, até a pele ficar ligeiramente tostada. Deixe esfriar.

Corte-a ao meio no sentido do comprimento e raspe a polpa amolecida com uma colher.

Pique a polpa finamente, coloque em uma tigela e misture com o suco de limão-siciliano, o tahine, o azeite, o alho, o sal e a pimenta. Sirva com pão sírio torrado ou pão folha.

NUTRIENTES por porção:
• 151kcal • 4g de proteína • 13g de gordura (2g de saturadas) • 2g de carboidratos (2g de açúcares totais) • 4g de fibra

Legumes crus e resfriados (crudités)

Sirva as pastas com quaisquer dos legumes abaixo:

- Floretes de brócolis
- Floretes de couve-flor
- Tiras de pimentão vermelho, amarelo, laranja ou verde
- Palitos de cenoura
- Talos de aipo
- Cogumelos pequenos
- Tomates-cereja
- Folhas crocantes de endívia
- Ervilha-torta
- Minimilho
- Rabanetes
- Cebolinha
- Pepino cortado em tiras
- Abobrinha cortada em tiras

Em sentido horário a partir do canto superior esquerdo: *Hummus, Guacamole, Baba ganoush, Pasta de feijão-branco*

TORRADA DE ABACATE

Muitas coisas boas podem ser ditas sobre a torrada de abacate. É tão nutritiva, tão fácil de fazer e tão simples que é difícil acreditar que uma parceria de apenas dois ingredientes pode ser tão incrível. A combinação das gorduras saudáveis do abacate com os carboidratos da torrada é incrivelmente saciante. O abacate também é repleto de vitamina E, potássio e folato. Prefiro torradas integrais, mas sourdough ou pão de centeio também funcionam muito bem.

1 fatia de torrada integral
¼ de abacate
Rende 1 porção

Toste o pão. Em uma tigela pequena, amasse grosseiramente o abacate e espalhe-o sobre a torrada. Polvilhe um pouco de sal em flocos e de pimenta-do-reino preta moída na hora. E pronto!

Coberturas opcionais: tomates picados ou em fatias, flocos de pimenta-calabresa, algumas amêndoas picadas.

NUTRIENTES por porção:
• 213kcal • 5g de proteína • 14g de gordura (3g de saturadas) • 15g de carboidratos (1g de açúcares totais) • 5g de fibra

---

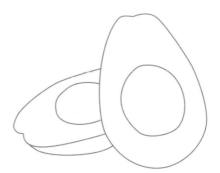

SHAKE REPARADOR DE MORANGO

Este shake é fácil de fazer e contém a quantidade ideal de proteína para promover o reparo muscular.

1 colher de whey protein sabor morango
Um punhado de morangos
200ml de qualquer leite de sua preferência
3 colheres de sopa de iogurte grego natural desnatado

Rende 1 porção

Bata no liquidificador até ficar homogêneo e sirva gelado.

NUTRIENTES por porção:
• 208kcal • 27g de proteína • 1g de gordura (<1g de saturadas) • 18g de carboidratos (18g de açúcares totais) • 2g de fibra

SHAKE REPARADOR DE FRAMBOESA E CHIA

A adição das framboesas faz desse shake uma rica fonte de vitamina C, enquanto as sementes de chia fornecem quantidades valiosas de ômega-3, fibras, antioxidantes, cálcio e magnésio.

75g de framboesa
150ml de qualquer leite de sua preferência
½ banana fatiada
100ml de iogurte grego natural desnatado
1 colher de sopa de mel de consistência fina
1 colher de sopa de sementes de chia

Opcional: gelo triturado

Rende 1 porção

Bata no liquidificador até ficar homogêneo e sirva gelado.

NUTRIENTES por porção:
• 303kcal • 20g de proteína • 6g de gordura (<1g de saturadas) • 39g de carboidratos (37g de açúcares totais) • 8g de fibra

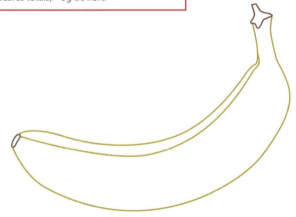

Em sentido horário, a partir do canto superior direito: *Vitamina de frutas vermelhas, Vitamina de abacate, Shake de beterraba, Shake reparador de morango*

SHAKE DE BETERRABA

A beterraba é rica em nitrato, o que ajuda a melhorar o fluxo sanguíneo e a entrega de oxigênio para os músculos durante o exercício. Esta é uma maneira saborosa de adicioná-la à sua dieta.

1 beterraba crua pequena descascada e picada

125g de frutas vermelhas frescas ou congeladas (como mirtilos, morangos, framboesas)

100ml de suco de maçã

100ml de iogurte grego natural desnatado

Rende 1 porção

Bata no liquidificador até ficar homogêneo e sirva gelado.

> **NUTRIENTES por porção:**
> • 243kcal • 8g de proteína • 2g de gordura (1g de saturadas) • 47g de carboidratos (39g de açúcares totais) • 7g de fibra

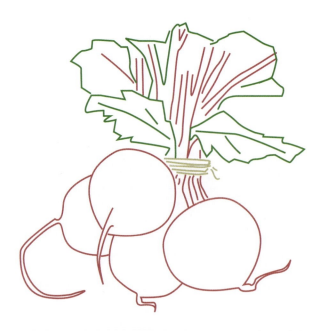

198 RECEITAS

SHAKE DE BANANA E MANTEIGA DE AMENDOIM

Se você quer ganhar músculos de verdade, este shake é o ajudante ideal para seus treinos.
É repleto de proteínas, carboidratos, vitaminas e minerais – e muito saboroso!

1 banana
1 colher de whey protein sabor baunilha ou banana
1 colher de sopa de manteiga de amendoim
300ml de qualquer leite de sua preferência (ou água)
Rende 1 porção

Bata no liquidificador até ficar homogêneo e sirva gelado.

NUTRIENTES por porção:
• 344kcal • 32g de proteína • 16g de gordura
(3g de saturadas) • 17g de carboidratos
(16g de açúcares totais) • 3g de fibra

VITAMINA VERDE

Esta vitamina não é apenas uma ótima maneira de adicionar mais verduras à sua dieta,
mas também é cheia de vitamina C, potássio, folato e ferro.

50g de couve ou espinafre
50g de abacaxi
½ banana
250ml de qualquer leite de sua preferência ou iogurte desnatado
Rende 1 porção

Bata no liquidificador até ficar homogêneo e sirva gelado.

NUTRIENTES por porção:
• 189kcal • 11g de proteína • 2g de gordura
(1g de saturadas) • 30g de carboidratos
(29g de açúcares totais) • 4g de fibra

VITAMINA DE FRUTAS VERMELHAS

Esta vitamina é ideal como bebida pré ou pós-treino – a aveia fornece energia gradualmente, e o leite e o iogurte fornecem quantidades ideais de proteínas para acelerar a recuperação muscular.

125ml de qualquer leite de sua preferência
125ml de iogurte grego desnatado
125g de frutas vermelhas congeladas, como amoras, mirtilos e groselha-preta
15g de aveia em flocos
Um pouco de mel de consistência fina

Rende 1 porção

Bata no liquidificador até ficar homogêneo e sirva gelado.

NUTRIENTES por porção:
• 270kcal • 20g de proteína • 2g de gordura (1g de saturadas) • 41g de carboidratos (26g de açúcares totais) • 4g de fibra

VITAMINA DE MORANGO E BANANA

Perfeita após uma sessão intensa de treinamento, esta vitamina contém todas as proteínas, carboidratos de qualidade e vitaminas que você precisará para uma recuperação muscular rápida.

1 banana
Um punhado de morangos
200ml de qualquer tipo de leite
100ml de iogurte grego desnatado

Rende 1 porção

Bata no liquidificador até ficar homogêneo e sirva gelado.

NUTRIENTES por porção:
• 275kcal • 20g de proteína • 1g de gordura (<1g de saturadas) • 1g de carboidratos (<1g de açúcares totais) • 3g de fibra

VITAMINA DE ABACATE

Esta vitamina verde é repleta de gorduras monoinsaturadas saudáveis, graças ao abacate, bem como de vitamina E, cálcio e ferro.

½ abacate
50g de abacaxi
125ml de qualquer leite de sua preferência (ou suco de abacaxi)
Um punhado de espinafre
½ banana
125ml de água ou água de coco

Rende 1 porção

Bata no liquidificador até ficar homogêneo e sirva gelado.

NUTRIENTES por porção:
• 282kcal • 7g de proteína • 16g de gordura (3g de saturadas) • 26g de carboidratos (23g de açúcares totais) • 6g de fibra

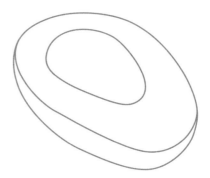

REFERÊNCIAS

Alexander, D., Ball, M.J. e Mann, J. "Nutrient intake and haematological status of vegetarians and age-sex matched omnivores", *European Journal of Clinical Nutrition*, 48, 1998, p.538-46.

American Dietetic Association. "Position of the American Dietetic Association, Dietitians of Canada, and the American College of Sports Medicine: Nutrition and Athletic Performance", *Journal of American Dietetic Association*, 109, 2009, p.509-27.

Appleby, P.N., Davey, G.K. e Key, T.J. "Hypertension and blood pressure among meat eaters, fish eaters, vegetarians and vegans in EPIC-Oxford", *Public Health Nutrition*, 5/5, 2002, p.645-54.

Appleby, P.N., Thorogood, M., Mann, J.I. e Key, T.J. "The Oxford Vegetarian Study: an overview", *American Journal of Clinical Nutrition*, 70/3 (supl.), 1999, p.525S-531S.

Appleby, P.N. e Key T.J. "The long-term health of vegetarians and vegans", *Proceedings of the Nutrition Society*, 1-7, 28 dez 2015 [ePub anterior ao impresso].

Bajželj, B. et al. "Importance of food-demand management for climate mitigation", *Nature Climate Change*, 4, 2014, p.924-29.

Ball, M.J. e Bartlett, M.A. "Dietary intake and iron status of Australian vegetarian women", *American Journal of Clinical Nutrition*, 70, 1999, p.353-58.

Barr, S.I. e Rideout, C.A. "Nutritional considerations for vegetarian athletes", *Nutrition*, 20/7-8, 2004, p.696-703.

Bastide, N.M. et al., "Heme Iron from Meat and Risk of Colorectal Cancer: A Meta-analysis and a Review of the Mechanisms Involved", *Cancer Prevention Research*, 4, 2011, p.177-84.

Bates, B. et al. "National diet and nutrition survey. Headline results from years 1, 2 and 3 (combined) of the rolling programme (2008/2009-2010/11)", 2012, https://www.gov.uk/government/uploads/system/uploads/attachment_data/file/207708/NDNS-Y3-report_All-TEXT-docs-combined.pdf [acesso em mar 2015].

Berners-Lee, M. et al. "The relative greenhouse gas impacts of realistic dietary choices", *Energy Policy*, 43, 2012, p.184-90.

Bouvard, V. et al. "Carcinogenicity of consumption of red and processed meat", *The Lancet Oncology*, 16/16, 2015, p.1599-600.

British Dietetic Association (2014), https://www.bda.uk.com/foodfacts/vegetarianfoodfacts.pdf [acesso em março de 2015].

Burke, D.G., Chilibeck, P.D., Parise, G., Candow, D.G., Mahoney, D. e Tarnopolsky, M. "Effect of creatine and weight training on muscle creatine and performance in vegetarians", *Medicine and Science in Sports and Exercise*, 35/11, 2003, p.1946-55.

Campbell, B., Kreider, R.B., Ziegenfuss, T. et al. "International Society of Sports Nutrition position stand: protein and exercise", *Journal of the International Society of Sports Nutrition*, 4/8, 2007.

Carbon Trust. "The Case for Protein Diversity" (2015), https://www.carbontrust.com/media/671648/the-case-for-protein-diversity.pdf [acesso em mar 2015].

Chan, D.S., Lau, R., Aune, D., Vieira, R., Greenwood, D.C., Kampman, E. e Norat, T. "Red and processed meat and colorectal cancer incidence: meta-analysis of prospective studies", *PLOS ONE*, 6/6, 2011, e20456.

Close, G.L., Cobley, R.J., Owens, D.J. et al. "Assessment of vitamin D concentration in non-supplemented professional athletes and healthy adults during the winter months in the UK: implications for skeletal muscle function", *Journal of Sports Science*, 31/4, 2013, p.344-53.

Cockburn, E., Robson-Ansley, P., Hayes, P.R. et al. "Effect of volume of milk consumed on the attenuation of exercise-induced muscle damage", *European Journal of Applied Physiology*, 112/9, 2012, p.3187-94.

Cooper, R. et al. "Creatine supplementation with specific view to exercise/sports performance: an update", *Journal of the International Society of Sports Nutrition*, 9/33, 2012.

Craddock, J. et al. "Vegetarian and Omnivorous Nutrition – Comparing Physical Performance", *International Journal of Sport Nutrition and Exercise Metabolism*, 2015 [ePub anterior ao impresso].

Craig, W.J. e Mangels, A.R. "Position of the American Dietetic Association: vegetarian diets", *Journal of American Dietetic Association*, 109/7, 2009, p.1266-82.

Crowe, Francesca L. et al. "Risk of hospitalization or death from ischemic heart disease among British vegetarians and nonvegetarians: results from the EPIC-Oxford cohort study", *American Journal of Clinical Nutrition*, 97/3, 2013, p.597-603.

Eating Better. "New survey shows support for Eating Better messages" (2013), www.eating-better.org/blog/23/New-survey-showssupport-for-Eating-Better-messages.html [acesso em mar 2015].

Eisinger, M. "Nutrient intake of endurance runners with lacto-ovo vegetarian diet and regular Western diet", *Z Ernahrungswiss*, 33, 1994, p.217-29.

Fields, H. et al. "Is Meat Killing Us?", *Journal of American Osteopathic Association*, 116, mai 2016, p.296-300.

Gardner, C.D., Coulston, A. et al. "The effect of a plant-based diet on plasma lipids in hypercholesterolemic adults: a randomized trial", *Annals of Internal Medicine*, 142/9, 2005, p.725-33.

Goldenburg, S. "America's nine most wasteful fisheries named", *The Guardian*, 20 mar 2014.

Goodland, R. e Anhang, J. "Livestock and Climate Change: What if the key actors in climate change were pigs, chickens and cows?", *World Watch*, 2009, p.10-19.

Haub, M.D., Wells, A.M., Tarnopolsky, M.A. e Campbell, W.W. "Effect of protein source on resistive-training-induced changes in body composition and muscle size in older men", *American Journal of Clinical Nutrition*, 76/3, 2002, p.511-17.

Huang, R.-H. et al. "Vegetarian Diets and Weight Reduction: a Meta-Analysis of Randomized Controlled Trials", *Journal of General Internal Medicine*, 31/1, 2016, p.109-16.

Janelle, K.C., Barr, S.I. "Nutrient intakes and eating behavior scores of vegetarian and nonvegetarian women", *Journal of American Dietetic Association*, 95/2, 1995, p.180-6.

Jeukendrup, A.E. e Killer, S.C. "The myths surrounding pre-exercise carbohydrate feeding", *Annals of Nutrition and Metabolism*, 57 (supl.), 2, 2010, p.18-25.

Key, T.J., Davey, G.K. e Appleby, P.N. "Health benefits of a vegetarian diet", *Proceedings of the Nutrition Society*, 58, 1999a, p.271-75.

Key, T.J. et al. "Mortality in vegetarians and nonvegetarians: detailed findings from a collaborative analysis of 5 prospective studies", *American Journal of Clinical Nutrition*, 70/3, 1999b, p.516S-24S.

Key, T.J., Appleby, P.N., Spencer, E.A. et al. "Cancer Incidence in Vegetarians: results from the European Prospective Investigation into Cancer and Nutrition", *American Journal of Clinical Nutrition*, 89/5, 2009, p.1620S-26S.

Larsson, S.C. e Wolk, A. "Meat consumption and risk of colorectal cancer: A meta-analysis of prospective studies", *International Journal of Cancer*, 119, 2006, p.2657-64.

Lassale, C., Beulens, J., Van der Schouw, Y. et al. "A Pro-Vegetarian Food Pattern and Cardiovascular Mortality in the Epic Study", *Circulation*, 131 (supl.1), 2015, A16-A16.

Le, L.T. e Sabaté, J. "Beyond Meatless, the Health Effects of Vegan Diets: Findings from the Adventist Cohorts", *Nutrients*, 6/6, 2014, p.2131-47.

Maffucci, D.M. e McMurray, R.G. "Towards optimizing the timing of the pre-exercise meal", *International Journal of Sport Nutrition and Exercise Metabolism*, 10/2, 2000, p.103-13.

Moore, D.R., Areta, J., Coffey, V.J. et al. "Daytime pattern of post-exercise protein intake affects whole-body protein turnover in resistance-trained males", *Nutrition & Metabolism*, 9/91, 2012.

Moore, D.R., Robinson, M.J., Fry, J.L. et al. "Ingested protein dose response of muscle and albumin protein synthesis after resistance exercise in young men", *American Journal of Clinical Nutrition*, 89, 2009, p.161-68.

Nieman, D.C. "Physical fitness and vegetarian diets: is there a relation?", *American Journal of Clinical Nutrition*, 70/3, 1999, p.570S-75S.

Norat, T. et al. "Meat, fish, and colorectal cancer risk: the European prospective investigation into cancer and nutrition", *Journal of the National Cancer Institution*, 97, 2005, p.906-16.

Orlich, M.J., Singh, P., Sabaté, J. et al. "Vegetarian Dietary Patterns and Mortality in Adventist Health Study 2", *JAMA Internal Medicine*, 173/13, 2013, p.1230-38.

Pettersen, B.J., Anousheh, R., Fan, J., Jaceldo-Siegl, K. e Fraser, G.E. "Vegetarian diets and blood pressure among white subjects: Results from the Adventist Health Study-2 (AHS-2)", *Public Health Nutrition*, 15, 2012, p.1909-16.

Phillips, S.M. e Van Loon, L.J. "Dietary protein for athletes: from requirements to optimum adaptation", *Journal of Sports Science*, 29 (supl.1), 2011, S29-38.

Phillips, S.M., Moore, D.R., Tang, J.E. et al. "A critical examination of dietary protein requirements, benefits and excesses in athletes", *International Journal of Sports Nutrition and Exercise Metabolism*, 17, 2007, p.58-78.

Pimentel, D. e Pimentel, M. "Sustainability of meat-based and plant-based diets and the environment", *American Journal of Clinical Nutrition*, 78/3, 2003, p.660S-63S.

Pimentel, D. et al. "Water Resources: Agricultural and Environmental Issues", *BioScience*, 54/10, 2004, p.909-18.

Richter, E.A. "Immune parameters in male athletes after a lacto-ovo vegetarian diet and a mixed Western diet", *Medicine and Science in Sports Exercise*, 23/5, 1991, p.517-21.

Rodriguez, N.R., DiMarco, N.M., Langley, S. et al. "Position of the American Dietetic Association, Dietitians of Canada, and the American College of Sports Medicine: Nutrition and athletic performance", *Journal of American Dietetic Association*, 100, 2009, p.1543-56.

Rohrmann, S. et al. "Meat consumption and mortality: results from the European Prospective Investigation into Cancer and Nutrition", *BMC Medicine*, 11, 2013, p.11-63.

SACN. "Iron and Health", Department of Health: Scientific Advisory Committee on Nutrition, Londres, 2010.

Sánchez-Villegas, A. et al. "A longitudinal analysis of diet quality scores and the risk of incident depression in the SUN Project", *BMC Medicine*, 2015, 13, p.197.

Scarborough, P. et al. "Dietary greenhouse gas emissions of meat-eaters, fish-eaters, vegetarians and vegans in the UK", *Climatic Change*, 125/2, 2014, p.179-92.

Singh, P.N., Sabaté, J. e Fraser, G.E. "Does low meat consumption increase life expectancy in humans?", *American Journal of Clinical Nutrition*, 78/3 (supl.), 2003, p.526S-32S.

Snowdon, D.A. "Animal product consumption and mortality because of all causes combined, coronary heart disease, stroke, diabetes, and cancer in Seventh-day Adventists", *American Journal of Clinical Nutrition*, 48/3, 1988, p.739-48.

Snyder, A.C., Dvorak, L.L. e Roepke, J.B. "Influence of dietary iron source on measures of iron status among female runners", *Medicine & Science in Sports Exercise*, 21, 1989, p.7-10.

Song, Y., Manson, J.E., Buring, J.E. e Liu, S.L. "A prospective study of red meat consumption and type 2 diabetes in middle-aged and elderly women", *Diabetes Care*, 27, 2004, p.2108-15.

Soret, S. et al. "Climate change mitigation and health effects of varied dietary patterns in real-life settings throughout North America", *American Journal of Clinical Nutrition*, 1000 (supl.1), 2014, p.490S-95S.

Spector, T. *The Diet Myth: The real science behind what we eat.* Londres: W&N, 2015.

Spencer, E.A., Appleby, P.N., Davey, G.K. e Key, T.J. "Weight gain over 5 years in 21,966 meat-eating, fish-eating, vegetarian, and vegan men and women in EPIC-Oxford", *International Journal of Obesity and Related Metabolic Disorders*, 27/6, 2003, p.728-34.

Springmann, M. et al. "Analysis and valuation of the health and climate change co-benefits of dietary change", *PNAS*, 113/15, 2016, p.4146-51.

Tonstad, S., Butler, T., Yan, R. e Fraser, G. "Type of vegetarian diet, body weight and prevalence of type 2 diabetes", *Diabetes Care*, 32, 2009, p.791-96.

Tonstad, S., Stewart, K., Oda, K., Batech, M., Herring, R.P. e Fraser, G.E. "Vegetarian diets and incidence of diabetes in the Adventist Health Study-2", *Nutrition, Metabolism and Cardiovascular Disorder*, 23/4, 2013, p.292-99.

Venderley, A.M. e Campbell, W.W. "Vegetarian diets. Nutritional considerations for athletes", *Sports Medicine*, 36, 2006, p.295-305.

WCRF/AICR. "Food, Nutrition, Physical Activity, and the Prevention of Cancer: a Global Perspective", 2007.

Williams, M.H. *Nutritional aspects of human physical and athletic performance.* Springfield: Charles C. Thomas Publisher Ltd, 1985, p.415-6.

Welch, A.A. et al. "Dietary intake and status of n-3 polyunsaturated fatty acids in a population of fish-eating and non-fish-eating meat-eaters, vegetarians, and vegans and the precursor-product ratio of alpha-linolenic acid to long-chain n-3 polyunsaturated fatty acids: results from the EPIC-Norfolk cohort", *American Journal of Clinical Nutrition*, 92/5, 2010, p.1040-51.

Wellesley, L. et al. "Changing Climate, Changing Diets Pathways to Lower Meat Consumption", *Chatham House Report*, 2015.

Young, V.R. e Pellett, P.L. "Plant proteins in relation to human protein and amino acid nutrition", *American Journal of Clinical Nutrition*, 59 (supl.), 1994, p.1203S-12S.

FONTES

www.cowspiracy.com Site do documentário longa-metragem *Cowspiracy: The Sustainability Secret*, oferece fatos e recursos sobre o impacto da pecuária no meio ambiente que serviram de base para o filme.

www.ewg.org/meateatersguide Site do Environmental Working Group e do relatório "The Meat Eater's Guide to Climate Change and Health", oferece informações sobre o consumo de carne e o meio ambiente.

www.vegsoc.org Site da UK Vegetarian Society, oferece informações claras e uma série de fatos sobre saúde e nutrição, bem-estar animal, sustentabilidade, meio ambiente e receitas.

www.vegansociety.com Site da UK Vegan Society, oferece recursos abrangentes sobre o estilo de vida vegano, nutrição, comida, meio ambiente e muitas receitas.

www.savvyvegetarian.com Este site norte-americano oferece artigos úteis e conselhos sobre dieta e nutrição vegetariana e vegana, saúde, culinária, questões ambientais, vida verde, sustentabilidade e questões afins.

www.vrg.org O US Vegetarian Resource Group oferece informações sobre nutrição vegetariana e vegana, receitas, ingredientes e restaurantes vegetarianos e alguns artigos úteis para atletas vegetarianos.

www.ausport.gov.au/ais O Australian Institute of Sport oferece uma série de informações bem-embasadas sobre alimentação vegetariana e nutrição esportiva.

www.nomeatathlete.com Este site, do maratonista e escritor Matt Frazier, oferece artigos e recursos para atletas vegetarianos.

www.veganhealth.org Este site norte-americano, escrito por uma nutricionista, tem artigos detalhados sobre nutrição vegana e planos de refeições veganos.

ÍNDICE

Números de página em *itálico* indicam imagens.

a

ácido alfa-linolênico (ALA), 35-6, 37
ácido docosa-hexaenoico (DHA), 35-7
ácido eicosapentaenoico (EPA), 35-7
ácidos graxos ômega-3, 35-7, 47, 49
ácidos graxos ômega-6, 36
Adventist Health Studies, 15, 16, 17, 18
água:
      e pecuária, 12, 13
      ver também hidratação
aminoácidos, 27
aminoácidos essenciais, 19, 27
anemia, 32, 34
      ver também ferro, deficiência
anemia esportiva, 34
animais:
      bem-estar de, 12-3, 14
      criação, 12, 13, 14
      exploração de, 14
antioxidantes, 15, 18, 47
aquecimento global, 12
assado de castanhas, O melhor, 149
Assado de raízes e tofu, 148
ataque cardíaco, 16
Aveia madrugadora com mirtilo, *31, 58*, 59

b

Baba ganoush, 191, *193*
bactérias do intestino, 17
barras:
      Amêndoas, figo e castanha de caju, 180
      de frutas e castanhas, *45*, 176
      de reposição, 172
      de tâmara e castanha de caju, 47, 171
      energéticas cruas de chocolate, 170
      flapjack de amêndoas e sementes de abóbora, 47, 181

Barras crocantes de tâmaras, 177
Barras de castanhas, 173
Barras de frutas e castanhas, 45, *168*, 176
Barras de reposição, 172
Barras de tâmara e castanha de caju, 47, 171
Barras energéticas cruas de chocolate, 170
Barras energéticas de amêndoas, figo e castanha de caju, 180
Barras flapjack:
      de amêndoas e sementes de abóbora, 47, 181
      Super, *35*, 175
Barras flapjack de amêndoas e sementes de abóbora, 47, 181
benefícios ao meio ambiente, 11-3
benefícios de uma dieta vegetariana, 11
Bolas energéticas cruas, *168*, 178
bolo:
      de banana e nozes, 167
      de iogurte, pera e amêndoas, 156
      rústico de maçã, tâmara e nozes, *150*, 160, *161*
Bolo de banana e nozes, 167
Bolo de iogurte, pera e amêndoas, 156
Bolo rústico de maçã, tâmara e nozes, *150*, 160, *161*
Bolonhesa com quinoa e lentilha, 30, 129
Brownie de chocolate com framboesa, 157

c

Caçarola de lentilha, quinoa e feijão, 116
café da manhã:
      Aveia madrugadora com banana, 59
      Aveia madrugadora com mirtilo, 31, *58*, 59
      Mingau de banana e canela, *47*, 52
      Mingau de manteiga de amendoim e chocolate, 53
      Mingau de micro-ondas, 55
      Mingau de mirtilo, *50, 53*, 55
      Muesli Bircher com framboesas, 56
      Muesli de frutas e nozes, *50*, 56
      Ovos mexidos perfeitos, 63
      Panquecas de aveia com maçã e canela, 62
      Panquecas de aveia e mirtilo, *50*, 60
      Panquecas rápidas de banana, 62
      Torrada de abacate e ovo, *50*, 64
cálcio, 40-1
câncer, 15, 16-17, 42
carne processada, 16-7
centenários, 15
cérebro, 15, 35
Cheesecake à moda de Nova York com limão, 154
Cheesecake à moda de Nova York com mirtilo, 152, *153*
Cheesecake de tofu com mirtilo, 155
colesterol, 16, 17
cookies:
      Amêndoa e cereja, 183
      Aveia com gotas de chocolate, *184*, 185
      Avelã, 187
      Coco, 187
      Damasco e amêndoas, 186
      Manteiga de amendoim, 182
Cookies de amêndoa e cereja, *168*, 183
Cookies de aveia com gotas de chocolate, *184*, 185
Cookies de avelã, 187
Cookies de coco, 187
Cookies de damasco e amêndoas, 186
Cookies de manteiga de amendoim, 182
creatina, 30
criação extensiva, 14
Crumble de maçã e nozes, 165
Curry de batata-doce e grão-de-bico com castanha de caju, 30, 109

ÍNDICE **205**

Curry de berinjela, couve-flor e feijão, 119
Curry de feijão-preto e vegetais com
    amêndoas, 30, *102*, 103

d

depressão, 15
desempenho atlético, 23, 24
    ver também nutrição
desperdício, 13
Dhal com amêndoas e coentro fresco, *120*,
    121
Dhal de abóbora-manteiga e espinafre, 30,
    47, 108
diabetes tipo 2, 15, 16, 18, 42
doenças cardíacas, 15, 16, 17, 42
doses diárias recomendadas:
    cálcio, 41
    ferro, 33
    proteínas, 28
    vitamina B12, 39
    vitamina D, 42

e

energia, dietas vegetarianas, 20
Ensopado de feijões variados e lentilha com
    coentro fresco, 30, 116-7
Ensopado de feijões variados e tomate, 117
Ensopado de quinoa, grão-de-bico e
    espinafre, 105
Ensopado picante de grão-de-bico e
    espinafre, 98, *99*
EPIC-Oxford, estudo, 15, 16, 17
esporte e vegetarianismo, 23-6
estévia, 156, 177
ética do vegetarianismo, 14

f

Falafel de forno com salsa de tomate, *110*, 111
farelo, 33
Feijão-manteiga com abóbora-manteiga e
    espinafre, 100

feijões e lentilhas, proteína em, 29
ferro, 20, 31-4, 49
    deficiência, 32-3
fibra, 15, 16, 17, 18, 19, 20, 25, 46
fibra solúvel, 16
fitoquímicos, 15
flexitarianos, 11
fome, e alimentos vegetarianos, 20
Fritada de batata, espinafre e queijo de
    cabra, 47, 138, *139*

g

gases do efeito estufa, 12, 13
Grão-de-bico com espinafre e batata, 124, *125*
grãos/pseudogrãos, e proteína em, 29
Guacamole, 190, *193*

h

Hambúrguer de castanha de caju, 123
Hambúrguer de feijão e espinafre, 118
Hambúrguer de feijão-preto e tofu, 144
Hambúrguer de grão-de-bico e avelã, 133
Hambúrguer de grão-de-bico, 101
Hambúrguer de nozes, *36*, 130, *131*
Hambúrguer de tofu e grão-de-bico, 132
hambúrgueres:
    Feijão e espinafre, 118
    Feijão-preto e tofu, 144
    Castanha de caju, 123
    Grão-de-bico, 101
    Grão-de-bico e avelã, 133
    Nozes, *36*, 130, *131*
    Tofu e grão-de-bico, 132
hidratação, 45, 46
Hummus, 191, *192*

i

Índice de Massa Corporal (IMC), 18

j

Jurek, Scott, *Eat & Run*, 25

k

Kebabs de tofu e vegetais, 146, *147*

l

lacto/lacto-ovo/ovovegetarianos (definição),
    11
lanches *ver* lanches salgados; lanches doces
lanches doces:
    Barras crocantes de tâmaras, 177
    Barras de castanhas, 173
    Barras de frutas e castanhas, *45*, *168*, 176
    Barras de reposição, 172
    Barras de tâmara e castanha de caju, 47,
        171
    Barras energéticas cruas de chocolate,
        170
    Barras energéticas de amêndoas, figo e
        castanha de caju, 180
    Barras flapjack de amêndoas e
        sementes de abóbora, 47, 181
    Bolas energéticas cruas, *168*, 178
    Cookies de amêndoa e cereja, *168*, 183
    Cookies de aveia com gotas de
        chocolate, *184*, 185
    Cookies de avelã, 187
        Cookies de coco, 187
    Cookies de damasco e amêndoas, 186
    Cookies de manteiga de amendoim, 182
    Superbarras flapjack, *35*, *168*, *174*, 175
lanches salgados:
    Baba ganoush, 191, *193*
    Guacamole, 190, *193*
    Hummus, 191, *192*
    Pasta de feijão-branco, 190, *193*
    Sopa verde de verdade, *66*, 76, *77*
    Torrada de abacate, 194, *195*
Lasanha de lentilha de Puy, 30, 113
laticínios, proteína em, 29
legumes crus e resfriados, 192
leite, 30
    não lácteo, 38, 39, 40, 41, 42, 43, 48
longevidade, 15, 16

m

Macarrão assado com espinafre, brócolis e nozes, 136
Macarrão com ratatouille, 140
Macarrão oriental com tofu, 141
melhor assado de castanhas, O, 149
Mingau de banana e canela, 52
Mingau de manteiga de amendoim e chocolate, *47*, 53
Mingau de micro-ondas, 55
Mingau de mirtilo, *50*, *54*, 55
mitos sobre vegetarianos, 19-20
Mousse de chocolate com abacate, 164
Muesli Bircher com framboesas, 56
Muesli de frutas e amêndoas, *50*, 56
Muffins de framboesa e mirtilo, 162, *163*
músculos, ganho de, 26-7, 28

n

não lácteo, leite, 38, 39, 40, 41, 42, 43, 48
nutrição de reposição, 46-7
nutrição e exercícios:
    durante os exercícios, 46
    pré-exercício, 43-4
    recuperação, 46-7

o

obesidade, 15, 16, 17
    ver também perda de peso
oceanos, 13
oleaginosas e sementes, proteína em, 29
ossos, 40
Ovos mexidos perfeitos, 63
Oxford Vegetarian Study, 15, 17

p

Panquecas de aveia com maçã e canela, 62
Panquecas de aveia e mirtilo, *50*, 60
Panquecas rápidas de banana, 62
Pasta de feijão-branco, 190, *193*
perda de peso, 18, 45
pesca, 13
Pilaf de lentilha e arroz, 104

Pilaf picante de quinoa e tofu, 47, 145
Pimentões assados com quinoa e castanha de caju, 122
Pimentões recheados com lentilha, *126*, 127
piscitariana, 11
poluição, 13
população global, 11
pratos principais:
    Assado de raízes e tofu, 148
    Bolonhesa com quinoa e lentilha, 30, 129
    Caçarola de lentilha, quinoa e feijão, 116
    Curry de batata-doce e grão-de-bico com castanha de caju, 30, 109
    Curry de berinjela, couve-flor e feijão, 119
    Curry de feijão-preto e vegetais com amêndoas, 30, *102*, 103
    Dhal com amêndoas e coentro fresco, *120*, 121
    Dhal de abóbora-manteiga e espinafre, 30, *47*, 108
    Ensopado de feijão e tomate, 117
    Ensopado de feijões variados e lentilha com coentro fresco, 30, 116-7
    Ensopado de quinoa, grão-de-bico e espinafre, 105
    Ensopado picante de grão-de-bico e espinafre, 98, *99*
    Falafel de forno com salsa de tomate, *110*, 111
    Feijão-manteiga com abóbora-manteiga e espinafre, 100
    Fritada de batata, espinafre e queijo de cabra, 138, *139*
    Grão-de-bico com espinafre e batata, 124, *125*
    Hambúrguer de castanha de caju, 123
    Hambúrguer de feijão e espinafre, 118
    Hambúrguer de feijão-preto e tofu, 144
    Hambúrguer de grão-de-bico e avelã, 133

    Hambúrguer de grão-de-bico, 101
    Hambúrguer de nozes, 36, 130
    Hambúrguer de tofu e grão-de-bico, 132
    Kebabs de tofu e vegetais, 146, *147*
    Lasanha de lentilha de Puy, 30, 113
    Macarrão assado com espinafre, brócolis e nozes, 136
    Macarrão com ratatouille, 140
    Macarrão oriental com tofu, 141
    melhor assado de castanhas, O, 149
    Pilaf de lentilha e arroz, 104
    Pilaf picante de quinoa e tofu, *47*, 145
    Pimentões assados com quinoa e castanha de caju, 122
    Pimentões recheados com lentilha, *126*, 127
    Ragu de lentilha e tomate, 112
    Risoto de abóbora-manteiga e ervilha com parmesão e pinoles, *134*, 135
    Salteado de tofu e vegetais, *27*, *142*, 143
    Tacos de feijão-preto com salsa picante, 106, *107*
    Tagine de grão-de-bico e vegetais com cuscuz, *44*, 114, *115*
    Torta de lentilha vermelha (Shepherd's Pie), 30, *47*, 128
    Tortilha espanhola de batata-doce, 137
pressão arterial, 16, 17
produção de carne, 11
prostaglandinas, 36
proteína, 19, 24, 26-9, 49
    e recuperação, 46
pseudogrãos *ver* quinoa

q

quinoa, 105

r

radiação ultravioleta (UVB), 42
Ragu de lentilha e tomate, 112
Risoto de abóbora-manteiga e ervilha com parmesão e pinoles, *134*, 135

s

Salada arco-íris com queijo de cabra, *82*, 86

Salada de grão-de-bico com agrião e castanha de caju, 85

Salada de grão-de-bico com pimentões assados e nozes, 92

Salada de queijo de cabra e abacate com nozes, *82*, 94

Salada de queijo haloumi (ou coalho) e pimentão vermelho, *82*, 89

Salada de quinoa com vegetais mediterrâneos assados, 84

Salada de quinoa e feijão-vermelho, 91

Salada de tofu e espinafre com amêndoas tostadas, 90

Salada morna de lentilha com espinafre baby e nozes, *35*, 93

saladas:
- Arco-íris com queijo de cabra, *82*, 86, *87*
- Grão-de-bico com agrião e castanha de caju, 85
- Grão-de-bico com pimentões assados e nozes, 92
- Morna de lentilha com espinafre baby e nozes, 93
- Queijo de cabra e abacate com nozes, *82*, 94, *95*
- Queijo haloumi (ou coalho) e pimentão vermelho, *82*, 88, 89
- Quinoa com vegetais mediterrâneos assados, 84
- Quinoa e feijão-vermelho, 91
- Tabule, 90
- Tofu e espinafre com amêndoas tostadas, 90

Salteado de tofu e vegetais, *27*, *142*, 143

saúde, 15-18

Shake de banana e manteiga de amendoim, 199

Shake de beterraba, *197*, 198

Shake reparador de framboesa e chia, 196

Shake reparador de morango, 47, 196, *197*

shakes e vitaminas:
- Shake de banana e manteiga de amendoim, 199
- Shake de beterraba, *197*, 198
- Shake reparador de framboesa e chia, 196
- Shake reparador de morango, 47, 196, *197*
- Vitamina de abacate, *197*, 201
- Vitamina de frutas vermelhas, *188*, *197*, 200
- Vitamina de morango e banana, 200
- Vitamina verde, 199

sistema nervoso, 38

smoothies *ver* shakes e vitaminas

sobremesas:
- Bolo de banana e nozes, *166*, 167
- Bolo de iogurte, pera e amêndoas, 156
- Bolo rústico de maçã, tâmara e nozes, *150*, 160, *161*
- Brownie de chocolate com framboesa, 157
- Brownie proteico de chocolate, *158*, 159
- Cheesecake à moda de Nova York com limão, 154
- Cheesecake à moda de Nova York com mirtilo, *150*, 152
- Cheesecake de tofu com mirtilo, 155
- Mousse de chocolate com abacate, 164
- Muffins de framboesa e mirtilo, 162, *163*

Sopa de abóbora-manteiga com feijão-branco, *66*, 73

Sopa de abóbora-moranga, 74

Sopa de cenoura com quinoa, 71

Sopa de espinafre e abobrinha com amêndoas tostadas, 75

Sopa de legumes definitiva, *66*, 68, *69*

Sopa de lentilha marroquina, 70

Sopa de lentilha vermelha e legumes, *28*, *66*, *80*, 81

Sopa de raízes, 78

Sopa de vegetais mediterrâneos assados, 79

sopas:
- Abóbora com feijão-branco, *66*, *72*, 73
- Abóbora-moranga, 74
- Cenoura com quinoa, 71
- Espinafre e abobrinha com amêndoas tostadas, 75
- Legumes definitiva, *66*, 68, *69*
- Lentilha marroquina, 70
- Lentilhas vermelha e legumes, *28*, *66*, *80*, 81
- Raízes, 78
- Vegetais mediterrâneos assados, 79
- Verde de verdade, *66*, 76, *77*

Superbarras flapjack, *35*, 44, *168*, 169, *174*, 175

"suplementação de proteína", 27

suplementos, 30, 33, 37, 39, 41, 42

sustentabilidade, 11

t

Tabule, 90

Tacos de feijão-preto com salsa picante, 106, *107*

Tagine de grão-de-bico e vegetais com cuscuz, *44*, 114

taninos, 33

tofu, 26-7

Torrada de abacate, 44, 194, *195*

Torrada de abacate e ovo, *50*, 51, 64

Torta de lentilha vermelha (Shepherd's Pie), 30, 47, 128

Tortilha espanhola de batata-doce, 137

tostando castanhas e sementes, 60, 74, 85, 91

u

uso da terra, e vegetarianismo, 13

v

vegano (definição), 11

vegetais, proteína em, 29

vitamina B12, 26, 38-9

vitamina C, 20, 33

vitamina D, 26, 42-3

Vitamina de abacate, *197*, 201

Vitamina de frutas vermelhas, *188*, *197*, 200

Vitamina de morango e banana, 200

vitamina E, 47

vitamina K, 40

Vitamina verde, 199